W0382435

Kohlhammer

Erhard Gehlmann
Frank Nieslony
Veszelinka Ildikó Petrov

Schriftsätze im Jugendamt

Ein Praxisleitfaden

Verlag W. Kohlhammer

Alle Rechte vorbehalten
© 2012 W. Kohlhammer GmbH Stuttgart
Umschlag: Gestaltungskonzept Peter Horlacher
Gesamtherstellung:
W. Kohlhammer Druckerei GmbH + Co. KG, Stuttgart
Printed in Germany

ISBN 978-3-17-022181-9

Vorwort

„Das gesprochene und geschriebene Wort sind die wichtigsten Werkzeuge unserer Profession“, schreiben die Autoren dieses Buches in der Einleitung. Allerdings ist die Ausbildung an Hochschulen für Soziale Arbeit – wenn überhaupt – eher auf das Einüben der mündlichen Kommunikation ausgerichtet (u.a. für Beratungen, Gruppenaktivitäten, Supervision). Aber das Schreiben gehört eben auch zum „Handwerk“, es wird jedoch weder als „wissenschaftliches Schreiben“ noch als Schreiben „beruflicher Schriftsätze“ gelehrt – ein ziemlicher Mangel.

Diesen Schriftsätzen in der Sozialen Arbeit, und ganz besonders denen des Allgemeinen Sozialen Dienstes/ASD, gilt hier zu Recht das besondere Interesse der Verfasser: mit ihren vielfältigen Ausrichtungen, als dokumentierende Protokolle, Berichte von Sitzungen, Konferenzen, Kongressen, etwa für Vorgesetzte, Kollegen, als Rundbriefe, auch als Beiträge für Fachzeitschriften über die eigene Praxis, selbstverständlich Aktennotizen, Stellungnahmen, Gutachten, eben Schriftsätzen aller Art.

Alle diese schriftlichen Tätigkeitsnachweise unterliegen vielfältigen Qualitätsanforderungen: sie sollen dokumentieren, schützen, erklären, machen Arbeitsschritte erst über- und nachprüfbar. In und mit ihnen wird auch immer wieder darüber entschieden, ob Leistungsberechtigte die beantragten Leistungen erhalten. Man denke allein an den § 27 SGB VIII – die Eingangsnorm der Hilfe zur Erziehung/HzE –, in der der Anspruch auf eine HzE daran geknüpft ist, dass „eine dem Wohl des Kindes oder Jugendlichen entsprechende Erziehung nicht gewährleistet ist“ (§ 27 Abs. 1 SGB VIII). Ob das der Fall ist, wird immer wieder u. a. von dem Bericht der/des fallverantwortlichen Sozialarbeiterin/Sozialarbeiters abhängen. Und man denke weiter daran, dass die einzelnen HzE der §§ 28–35 keine abschließende Aufzählung bedeuten, sondern dass „entscheidend allein der individuelle erzieherische Bedarf und die Geeignetheit und Erforderlichkeit der Hilfe im Einzelfall (sind). Notwendige (über die §§ 28–35 hinausgehende), aber nicht vorhandene, atypische Hilfeformen sind deshalb ‚nach Maß‘ zu schneidern und zu initiieren“ (Tammen/Trenczek, in: Münder u. a. 2009, Vor §§ 27–41 Rz. 13). Und wieder ist es die/der fallverantwortliche Sozialarbeiterin/Sozialarbeiter, der in seinem Bericht analysieren, beurteilen, vorschlagen muss – und darüber einen großen fachlichen Gestaltungsspielraum und eine besondere Verantwortung erhält. Es ist kaum zu verstehen, dass es für „dieses Berichtswesen“ fast keine

Literatur, jedenfalls keine allgemein einführende Standardliteratur gibt, dass diese Tätigkeiten zudem nicht systematisch an allen Hochschulen für Soziale Arbeit gelehrt werden.

In dem vorliegenden Buch wird nun versucht, alles das – wissensbasiert und sehr praxisorientiert – darzustellen, was, „gute Schriftsätze" auszeichnen sollte. Welches Wissen dafür Voraussetzung ist (etwa zum Datenschutz, zur Organisation, zu den Arbeitsabläufen) und in welchen Aufgabenbereichen der Kinder- und Jugendhilfe besondere Erfordernisse gelten: also für die Leistungen und Anderen Aufgaben nach SGB VIII und insbesondere für die Mitwirkung in Jugendgerichts- und Familiengerichtsverfahren – ganz bewusst vor allem ausgerichtet auf das Handeln des ASD, dem Kernbereich jugendamtlicher Tätigkeiten.

Ich habe immer die Auffassung vertreten, nur wer auch einmal im ASD gearbeitet habe (wenigstens als Praktikant/-in), sei ein/e „Sozial-Arbeiter/in", denn dort allein wird den Kollegen tagtäglich alles das abgefordert, was professionelle Soziale Arbeit immer ist: „beraten und entscheiden", „unterstützen, schützen, kontrollieren" sowie „knappe Güter verteilen" (vgl. Schrapper, in: Kreft/Mielenz 2012, 53 f.) – selbstverständlich gesetzeskonform, sorgfältig bedacht und schriftlich begründet.

In den Allgemeinen Sozialen Diensten finden gerade große Personalveränderungen statt. Viele Kolleginnen und Kollegen gehen in die Rente oder in den Ruhestand, neue übernehmen ihre Aufgaben, viele Stellen wurden/werden vielerorts, um den Kinderschutz zu stärken, neu geschaffen; auch diese werden regelmäßig mit jungen Kolleginnen und Kollegen (Berufsanfängern) besetzt.

Wir wissen schon lange, dass keine Hochschule das Wissen – und zudem praxisfest – zu vermitteln vermag, das in einem ASD gefordert wird. Alle neuen Kollegen brauchen daher besondere Einführungen (spezielle Trainings oder Fortbildungen, auch einführende Begleitungen durch erfahrene Mitarbeiter/-innen). Mit diesem Buch können diese Einführungen sehr gut unterstützt werden. Aber es ist auch für Studierende eine wichtige Quelle, die sie an die Praxis der Sozialen Arbeit heranführt, und gewiss ist die Beschäftigung auch für diejenigen Kollegen ein Gewinn, die schon einige Zeit berufstätig sind.

Prof. h. c. Dieter Kreft, Nürnberg
Staatssekretär a. D.
Stellv. Vorstandsvorsitzender
der Stiftung Sozialpädagogisches Institut Berlin

Inhalt

„Gut geschrieben ist gut gedacht."

Kurt Tucholsky, Journalist und Schriftsteller, 1890–1935

1 Gesellschaftliche Aspekte

Bei den Recherchen zu diesem Buch fiel uns auf, dass in den entsprechenden Studiengängen (Diplom, Bachelor, Master) für Soziale Arbeit weder an den Universitäten noch an den Fachhochschulen ein systematisches Wissen über förderliche Formen des schriftlichen Ausdrucks zusammen getragen wird. Auch publikationswissenschaftliche Grundlagen oder die Rhetorik in Bezug auf das berufliche Handeln in der Sozialen Arbeit gehören nicht zum Standard der Ausbildung. Eine Ausnahme hinsichtlich der Organisation des Schreibens bilden die zahlreichen Anleitungen zum wissenschaftlichen Arbeiten. Hier ist aus dem Mangel früherer Jahre fast eine Konjunktur entstanden.

Das gesprochene und geschriebene Wort sind die wichtigsten Werkzeuge unserer Profession. Angesichts dieser lapidaren Feststellung ist es verwunderlich, dass der Technik des Schreibens, also der inhaltlichen und formalen Gestaltung von amtlichen Schriftstücken, relativ wenig Bedeutung in der Ausbildung beigemessen wird. Tatsächlich ist aber ein Großteil des sozialarbeiterischen Alltags mit Verfassen und Gestalten von Schriftsätzen verbunden. Hier spielt es wegen der gemeinsamen gesetzlichen Aufgaben fast keine Rolle, ob der Anstellungsträger der sozialen Organisation ein freier Träger der Jugendhilfe (z. B. ein Wohlfahrtsverband) oder der öffentliche Träger der kommunalen Selbstverwaltung (z. B. ein städtisches Jugendamt) ist.

Die Schriftsätze wie auch die Dokumentation in der Sozialen Arbeit bekommen eine über den ausbildungsbezogenen Mangel der Vermittlung der Darstellungsformen sozialarbeiterischer Handlungsvollzüge hinaus eine zusätzliche Bedeutung. Die uns seit einigen Jahren begleitende Diskussion um die Qualität der Sozialen Arbeit stellt die klientenbezogenen Dokumentationen in einen modernen Kontext: Die systematische Aktenführung, die schriftliche Komplexität spezifischer Aufgaben, die damit verbundenen Berichte und Stellungnahmen sind sowohl Ausdruck der Qualität sozialarbeiterischen Tuns wie zugleich Grundlagen von Evaluation und Innovation. Erst über ein formalisiertes Berichtswesen ist Planung, Steuerung und Controlling gesichert. Schriftsätze und Berichte werden zur bedeutenden Grundlage im Zusammenhang der Qualitätssicherung Sozialer Arbeit.

Wir legen einen wissenschaftsbasierten Praxisleitfaden mit Bezug auf die berufliche Realität vor. Das zu berücksichtigen bedeutet aber auch, eine Eingrenzung sowohl der sozialarbeiterischen Handlungsfelder wie auch der Tätigkeitsbereiche vornehmen zu müssen. Unsere Ausführungen stehen daher im engen Zusammenhang einer qualitätsbezogenen Sozialarbeit. Diese beziehen wir ausschließlich auf die Schriftsätze, Berichte und Stellungnahmen im Allgemeinen Sozialen Dienst (ASD) des Jugendamtes. Wir sind uns bewusst, viele Schriftformen und Berichtsarten, insbesondere in den Bereichen der Jugendhilfe freier Träger und den vielfältigen Handlungsfeldern der Sozialen Arbeit im Jugendamt, unberücksichtigt lassen zu müssen. Dargestellte Regeln und Grundsätze sowie einige der von uns vorgestellten Praxisbeispiele sind jedoch übertragbar.

Vor diesem Hintergrund soll der Aufbau kurz erläutert werden.

Wenn sozialarbeiterische Schriftsätze als wichtige Bestandteile klientenbezogener Dokumentationen einzuordnen sind, kommen wir nicht umhin, den Schriftverkehr und die Aktenführung in den Kontext der Qualitätssicherung zu stellen. Diese Ausführungen bestimmen das *erste Kapitel* dieses Buches; sie helfen zudem, unsere Standpunkte zu positionieren. Eine immer größere Bedeutung in der Praxis der Sozialen Arbeit bekommt der Datenschutz. Wir sind zu der Überzeugung gekommen, dass er als ein zunehmend wichtiges Kapitel für die berufliche Praxis auch in unserem Zusammenhang nicht fehlen darf. Als wichtiger Bestandteil des eigentlichen Tätigwerdens im Rahmen sozialarbeiterischer Hilfen wird der Datenschutz im *zweiten Kapitel* beschrieben.

Das *dritte* bis *sechste Kapitel* bilden das „Herzstück“ unserer Ausführungen. Hier werden zunächst anfallende Schriftsätze, also der allgemeine und der Schriftverkehr zu Leistungen der Jugendhilfe im Kontext der Gesetze, des Aufbaus des Jugendamtes und den Grundsätzen von Verwaltung beschrieben. Sie werden in den Zusammenhang bedeutender Handlungsfelder der öffentlichen Jugendhilfe gestellt. Vorzugsweise handelt es sich um Schriftsätze, die im Allgemeinen Sozialen Dienst eines kommunalen Jugendamtes relevant sind. Dazu gehören auch die Berichte und Stellungnahmen im Rahmen der „Anderen Aufgaben" des Achten Sozialgesetzbuches (SGB VIII). Sie werden im *sechsten Kapitel* in den Kontext unserer Absichten gestellt. Schon hier wird deutlich, dass der sozialarbeiterische Alltag von vielen (Amts-) Handlungen bestimmt wird, die in der Fachliteratur kaum Beachtung finden. Mit der „Amtshilfe" im *siebten* bzw. der „Fallübergabe" im *achten Kapitel* wollen wir diesem Mangel entgegenwirken. Vorschläge, wie einzelne Schriftsätze gestaltet werden können, sind eingebaut, die – sozusagen – in der Summe das best practice unserer Recherchen sind und hoffentlich als Anleitung dienen können. Zum besseren Verständnis sind an einigen Stellen Fußnoten mit bedeutenden Gesetzestexten für den besseren Lesekomfort eingefügt.

Letzterem gilt auch der Hinweis auf manche Schreibweisen: Frauen und Männer sind immer gleichberechtigt gemeint. In den exemplarischen Vorlagen wurden selbstverständlich fiktive Namen verwendet (Mustermann bzw. Musterort etc.).

Schließlich sollen insbesondere Studierenden, Berufsanfängern und jungen Kolleginnen und Kollegen ein ausführliches *Abkürzungsverzeichnis* und ein *Glossar* dazu verhelfen, den (sozial-)verwaltungsinternen Sprachgebrauch kennen zu lernen bzw. besser zu verstehen. Dass dieses Anliegen der Vervollständigung bedarf, liegt in der Natur der Sache und der Kürze dieses Buches. Insgesamt hoffen wir, mit diesem Praxisleitfaden einen Beitrag zur Minderung von Irritationen bei der Umsetzung des theoretisch erworbenen Wissens in die Praxis hinsichtlich der notwendigen Schriftsätze in der Sozialen Arbeit leisten zu können.

„Verwende nie ein neues Wort, sofern es nicht drei Eigenschaften besitzt: Es muss notwendig, es muss verständlich und es muss wohlklingend sein."

Voltaire, Schriftsteller der Aufklärung, 1694–1778

2

Schriftsätze im Qualitätsdiskurs Sozialer Arbeit

Die Diskussion um die Qualität in der Sozialen Arbeit begleitet uns seit Ende der 1980er Jahre. Sie ist mehr als nur eine in zeitlichen Abständen wiederkehrende, die Soziale Arbeit bestimmende „Konjunktur", bei der vorzugsweise bestimmte Problembereiche oder Zielgruppen über Jahre die fachlichen Auseinandersetzungen, den Büchermarkt, das Ausbildungswesen und – nicht selten – gesetzlich veränderte Handlungsgrundlagen bestimmen. In den meisten Tätigkeitsfeldern und Aufgabenbereichen der Sozialarbeit öffentlicher und freier Träger haben sich seitdem viele Veränderungen ergeben. Auffällig ist, dass im Verlauf der theoretischen, vor allem in Büchern geführten Auseinandersetzungen kaum die Frage berücksichtigt wurde, ob denn vor dieser Debatte keine gute Sozialarbeit geleistet wurde.

Der Qualitätsdiskurs meint jedoch mehr als nur die Bewertung der Fachlichkeit; er bezieht andere relevante Entwicklungen in der Sozialen Arbeit mit ein. Von daher halten wir es an dieser Stelle für richtig, kurz auf die Zusammenhänge dieser zum Teil kontrovers verlaufenden, nicht immer zur Zufriedenheit der Beteiligten eingeführten Neuerungen einzugehen. Diese Ambivalenz bestimmt letztlich auch unser Anliegen: Obwohl einerseits eher politisch-monetäre Gründe für die Renovierung des Sozial- und Hilfesystems verantwortlich sind, ist andererseits eine qualitative Verbesserung fachlicher Tätigkeiten immer wünschenswert. Dazu gehören auch Schriftsätze und Stellungnahmen von Sozialarbeiterinnen und Sozialarbeitern, wenn sie beispielsweise als maßgebende gerichtliche Entscheidungsgrundlagen dazu geeignet sein müssen, Biografieverläufe von Kindern, Jugendlichen und deren Familien bestimmend zu beeinflussen.

Qualität

Der Qualitätsdiskurs hat insbesondere in der Jugendhilfe bedeutende Spuren hinterlassen. Hier reichen die Veränderungen von der Einführung bestimmter Qualitätsstandards in der Tagesbetreuung (Kindertagesstätten) über die verstärkte Hinwendung zur (Selbst-)Überprüfung professioneller Interventionen (Evaluation) bis hin zur Einbindung von Qualitätsanforderungen in die gesetzliche Rahmenbedingungen der Jugendhilfe (§ 79a SGB VIII). Ab dem 01. 12. 2012 ist für die Träger der öffentlichen Jugendhilfe vorgeschrieben, Grundsätze und Maßstäbe für die Bewertung der Qualität und geeignete Maßnahmen zu ihrer Gewährleistung weiterzuentwickeln, anzuwenden und regelmäßig zu überprüfen.

Noch heute ist vielen Fachkräften die Auseinandersetzung um möglichst messbare Leistungen ihrer Tätigkeiten suspekt. Dabei wird die Abwehrhaltung der Praktiker durch zahlreiche Argumentationen in der Fachliteratur gestützt, die im Ergebnis davon ausgehen, dass überwiegend kommunikative und interaktive Beziehungsprozesse, die für die Soziale Arbeit konstitutiv sind, über das Medium Kennzahlen keine Ergebnisqualität erwarten lassen können (vgl. Kühn 1999, 22).

Zudem wurde das Unbehagen der Praktiker in diesem Diskurs lange Zeit dadurch bestimmt, dass die Kontroversen in einer Zeit fiskalischer Sparpolitik geführt wurden. Vielen Sozialarbeiterinnen und Sozialarbeitern war deutlich geworden, dass die erwarteten Ergebnisse, der output bzw. outcome, weniger der Qualität ihrer Tätigkeiten als vielmehr den finanziellen Einsparungen galt. Neue Geldtöpfe waren angesichts des Finanzierungsaufwandes für die Infrastruktur der neuen Bundesländer ebenso gesucht wie neue (Pflege-)Versicherungssysteme eine aufwändige Umverteilung notwendig machten. Zurückblickend war es so gesehen letztlich die Finanzkrise der öffentlichen Haushalte, die in der Perspektive einer betriebswirtschaftlichen Orientierung und unter dem Stichwort „Ökonomisierung der Sozialen Arbeit" deren Einbindung in die Qualitätsdiskussion verantworten musste.

Verwaltungsreformen

Die Qualitätsdebatte in der Sozialen Arbeit steht in einem engen Zusammenhang mit den Bemühungen um die Neuorganisation traditioneller Verwaltungsstrukturen. Vor dem Hintergrund der Reformen in anderen europäischen Ländern[1] war die Diskussion und Einführung der „Neuen Steuerung" (NST) quasi die zweite Säule der Veränderungen auf dem Gebiet der Sozialen Arbeit. Insbesondere die Hinführung der Sozialverwaltungen zu gewünschten „Dienstleistungsunternehmen" war die praktische Konsequenz eines Paradigmenwechsels, der fast zeitgleich mit der Verabschiedung des Achten Jugendberichts der Bundesregierung (1990) und der Inkraftsetzung des Kinder- und Jugendhilfegesetzes (1991) eingeleitet worden war. Beides hatte Auswirkungen auf viele institutionalisierte Bereiche und Handlungsfelder in der Sozialen Arbeit.

Die „Kommunale Gemeinschaftsstelle für Verwaltungsvereinfachung (KGSt)" (heute: Kommunale Gemeinschaftsstelle für Verwaltungsmanagement)[2] erarbeitete grundlegende Gutachten zu neuen Steuerungsmodellen, veränderten Leistungsorientierungen, strukturellen Neuorganisationen etc. Auch im Rahmen der kommunalen Haushaltsführungen gab es vielerorts eine Hinwendung von der kameralistischen zur budgetorientierten Steuerung. Zukünftige Dienstleistungen sollten bürgernah und produktorientiert die Qualität der Exekutive über viele Innovationen sichern helfen (vgl. Merchel/Schrapper 1996). Zuvor hatte der Achte Jugendbericht der damaligen Bundesregierung schon auf der Basis seiner grundsätzlichen Perspektiven einige Anforderungen formuliert, die eine umfassende Verwaltungsreform bundesweit einleiteten und die bis heute noch nicht als abgeschlossen gilt. Dazu gehörten u. a. Zielvereinbarungen zwischen Politik und Verwaltung (Steuerung), Planungsinstanzen und Berichtswesen (Controlling), vertrag-

1 Stellvertretend für viele deutsche kommunale Verwaltungen waren die organisatorischen Neuorganisationen in den Niederlanden, insbesondere in der Stadt Tilburg. Dazu liegen inzwischen Evaluationen vor, die das Modell als überholungsbedürftig zeigen.

2 Siehe Glossar.

liche Vereinbarungen zwischen den Organisationseinheiten (Kontraktmanagement), monetäre Verantwortungen (Budgetierung) u. a. m.[3]

Vor diesem Hintergrund ist das Erlernen des beruflichen Handelns verstärkt in den Fokus der öffentlichen und privaten Arbeitgeber gerückt. Kommunen und Wohlfahrtsverbände verlangen nach erweiterten Kompetenzen bei Berufsanfängern, die zunehmend in den unterschiedlichen Arbeitsfeldern nachgefragt, jedoch kaum in den ausbildungsbezogenen Studiengängen gelehrt werden. Obwohl weniger an den grundlagenorientierten Universitäten als vielmehr an den praxisbezogenen Fachhochschulen den Studenten den neuen Anforderungen entsprechende Inhalte in der Lehre zur Vorbereitung auf den beruflichen Alltag angeboten werden, bleiben viele Erwartungen sowohl von Auszubildenden wie Anstellungsträgern unberücksichtigt, weil die Aufgabenfelder und die daraus resultierenden Anforderungen zu vielfältig sind.

Ausbildung

Aus studentischer Sicht ist der Bezug zu den Ausbildungszielen im Allgemeinen dadurch charakterisiert, dass eine möglichst hohe Affinität zwischen Theorie und Praxis während des Studiums erwartet wird. Schon während des Studiums stehen die Verdichtung der Studieninhalte und die gleichzeitige Verkürzung der Studiendauer dem Erlernen methodischer Zugänge, der Verwirklichung spezieller Interessen und dem Bemühen um das Bestehen fach- und ausbildungsbezogener Prüfungen entgegen. Der persönlichen Zufriedenheit von Studierenden werden bei oft zusätzlichen finanziellen Belastungen viele Grenzen setzt. Studierende haben darüber hinaus immer weniger Aussichten auf einen gesicherten Arbeitsplatz, sie müssen zunehmenden Leistungsdruck im Rahmen eines hoch differenzierten Professionalitätsanspruches befürchten.

Die Arbeitgeber haben konkrete Erwartungen, was die Ausbildung hinsichtlich berufsrelevanter Merkmale beinhalten soll. In der Ausbildungsbeschreibung der Bundesagentur für Arbeit (Stand 2007) wird das erwartete Profil für Berufsanfänger deutlich. Demnach werden folgende „Fähigkeiten" für notwendig erachtet (Auszüge):

---

3 Obwohl das SGB VIII in Bezug auf diese Ziele (der Verwaltungsvereinfachung mit seiner im Gesetz verankerten Lebensweltorientierung, den Rechten auf Partizipation, der Zusammenarbeit von öffentlichen und freien Trägern der Jugendhilfe, den Vereinbarungen über Entgelte, Leistungsangebote etc.) wegweisend war, wurde dies bei den Änderungen des SGB II nicht aufgenommen, sondern zurückgeschraubt.

- Ein durchschnittliches bis gutes allgemeines intellektuelles Leistungsvermögen;
- ein durchschnittliches bis gutes schriftliches Ausdrucksvermögen (z. B. Anfertigen von Hausarbeiten);
- gutes mündliches Ausdrucksvermögen (Referate halten, Beraten von Klienten im Praktikum);
- gutes sprachlich-logisches Denkvermögen (Erfassen auch schwieriger juristischer und pädagogisch-psychologischer Fachtexte und Sachverhalte).

Präzisiert werden diese allgemeinen Voraussetzungen für die „Bezugsgruppe Personen mit Hochschulreife" hinsichtlich der Kenntnisse und Fertigkeiten mit unmittelbarem Bezug auf den Berufsalltag: „Ein Muss für das Studium: Textverständnis, einwandfreier Ausdruck und korrekte Orthografie! Das Fach Deutsch ist immer wichtig, zumal es auch Logik und Dialogfähigkeit fördert und damit das Vermögen, klar diskutieren und vortragen zu können" (BfA 2007).

Diese Erwartungshaltungen stehen in einem unmittelbaren Zusammenhang mit dem Modernitätsanspruch in den Sozialverwaltungen. „Integrierte Professionalität" (Puch 1994) meint hier diejenigen Kompetenzen erlangen zu müssen, die über die persönlichen Voraussetzungen hinaus für den allgemeinen beruflichen Sachverstand bedeutsam sind (u. a. personale, Fach- und Feldkompetenzen). Für diese Basiskompetenzen gilt, sie um die Merkmale hinsichtlich organisationsbezogener Kenntnisse (u. a. strukturierende, planende, monetäre Kompetenzen) systematisch zu erweitern.

Gehörte es bis zur Einführung der Bachelorstudiengänge zum Studienabschluss, die der Berufskompetenz anhaftenden Eigenschaften möglichst gut auszubilden, so wird im Kontext moderner Sozialer Arbeit mit ihren zahlreichen Handlungsfeldern davon ausgegangen, dass diese um das jetzt notwendige Organisationswissen ergänzten Ansprüche an das berufliche Handeln zusätzlich schon bei Berufsantritt vorhanden sind. Damit wird ein Anspruch an Studium und Praktika formuliert, der von den Hochschulen nur selten eingelöst wird und wegen der Kürze des Studiums und der Praktika auch kaum eingelöst werden kann.

Defizite

Vor dem aufgeführten Hintergrund werden die Diskrepanzen zwischen praktischen Anforderungen und theoretischen Vermittlungen deutlich. Dazu bietet sich unserer Meinung nach folgende Erklärung an: Aus der Perspektive der beruflichen Anstellungsträger hat die universitäre Professionalisierungsdebatte im Rahmen der Sozialen Arbeit – erstmals in den 1970er Jahren mit Vehemenz auf den methodischen Bereich bezogen – seit einigen Jahren eine neue Dimension bekommen. Auf der Grundlage einer modernen Rechtsauffassung (Hilfe durch Sozialleistung vor Eingriff) mit veränderten Rahmenbedingungen (Einführung des SGB VIII) und im Kontext der (Neu-) Etablierung relevanter Theoriearbeiten sowie multiprofessioneller Forschungsansätze (Sozialarbeitswissenschaft) hat sich ein modernes Profil der Sozialen Arbeit im Rahmen einer neuzeitlichen Fachlichkeit herausgebildet. Dieses hat sich jedoch lange und eher hochschulbezogen manifestiert. Erst mit zeitlicher Verzögerung sind diese Erkenntnisse auch der praktischen Sozialarbeit zugute gekommen. Darunter leiden die Erwartungen an eine zeitgemäße Berufsausübung noch heute. Sie sind verbunden mit der Vermittlung und Ausbildung eines entsprechenden „Handwerkzeugs" hinsichtlich erforderlicher arbeitsplatz- und aufgabenbezogener Qualifikationen und werden von den Ausbildungsstellen nur bedingt erfüllt.

Aus dem Blickwinkel der (Fach-)Hochschulen ist die Zusage an die Praxisstellen, beruflich relevante Fachkenntnisse quasi abrufbereit zu vermitteln, kaum noch aufrecht zu erhalten. Das Spektrum der Handlungsfelder und Arbeitsbereiche allein in der Jugendhilfe auf der Grundlage expandierender Problemlagen seiner Zielgruppen lässt eine fachliche Vertiefung des Lehrstoffs nur noch unvollständig zu. Zudem haben sich nicht nur die materiellen Voraussetzungen für ein Studium verändert, auch die Rahmenbedingungen des Studiums selbst unterliegen bildungs- und hochschulpolitischen Anforderungen, die sich zum Teil in verschulten Studiengängen widerspiegeln. Fachhochschulen für Soziale Arbeit sind mit einem hohen Erwartungsdruck hinsichtlich ihres „outputs" konfrontiert, der sie neben der Europäisierung des Studiums (Bachelor, Master) zunehmend in eine Wettbewerbssituation mit ähnlichen Ausbildungsstellen drängt. Darunter leidet wiederum die Qualität der handlungsorientierten Lehre, die eine dezidierte Vorbereitung auf das praktische berufliche Handeln im Rahmen eines modernen Professionalitätsverständnisses unter diesen Bedingungen kaum zulässt.

Aufgaben

Die Diskrepanzen zwischen ausbildungsbezogenen Unzulänglichkeiten und beruflichen Erfordernissen sind strukturell und nicht allein dem Bereich der Sozialen Arbeit anzulasten. In Erkenntnis dieser Rahmenbedingungen, insbesondere in der anfänglichen Berufspraxis, rückt die Bedeutung der schriftlichen Arbeit der Sozialarbeiterinnen und Sozialarbeiter ins Zentrum ihrer zahlreichen Aufgabenfelder. Das Verfassen von Schriftsätzen, Berichten, gutachtlichen Stellungnahmen und Statistiken gehört zum beruflichen Alltag. Anders als methodische, kommunikative und beziehungsorientierte Leistungen gehören diese Tätigkeiten allerdings nicht zu den Lieblingsbeschäftigungen; sie werden aus diesem Grund auch nicht selten nachlässig behandelt.[4] Die Dokumentation fachlichen Handelns steht jedoch außerhalb der Diskussion.

Schriftsätze, Berichte und Stellungnahmen stellen für Verwaltungen, Einrichtungen, Dienste und Gerichte eine Entscheidungsgrundlage dar. Schon von daher ergeben sich qualitative Anforderungen an den Schriftverkehr. Berichte müssen nicht nur die fachliche Kompetenz der Verfasser spiegeln. In den Schriftsätzen muss ebenfalls deutlich werden, worin der spezifisch sozialarbeiterische Beitrag zur Entscheidungsfindung gründet. Sie sind auch Grundlage für die Gewährung von Leistungen. Zudem sind Berichte und Stellungnahmen in Familien- und Jugendgerichtsverfahren, im Rahmen von Hilfen zur Erziehung und ähnlicher Leistungen sowohl für Sozialarbeiter wie der Klientel für eine oft lange Zeit von besonderer Bedeutung, weil sie meistens biografische Auswirkungen für die betroffenen Ratsuchenden haben. Verständlich ist daher, dass die zuständigen Sachbearbeiter bei der Erstellung der Schriftsätze immer wieder mit hohem sachlichem, emotionalem und fachlichem Sachverstand beteiligt sind. Diese Tätigkeiten machen professionelles Handeln transparent; sie sind Teil der Qualität fachlicher Kompetenz und können Jahre später noch eine Rolle spielen.

Die Bedeutung der Qualität schriftlicher Arbeiten zu erkennen ist für viele Berufsanfänger ebenso gewichtig wie das Herstellen von Transparenz derjenigen Organisation, in der sie tätig sind. Zum professionellen Handeln in der modernen Sozialarbeit gehört das Organisationswissen. Örtliche und sachliche Zuständigkeiten erkennen und Dienstwege realisieren können – kurz: den Urlaubsantrag nicht dem Bürgermeister vorlegen – sind unabdingbare Voraussetzungen für den Berufsalltag. Persönlichkeitsrechte und Datenschutz bei den Hilfeprozessen beachten, sie im Schriftverkehr wirksam werden zu lassen, gehört ebenfalls dazu. Nicht selten ist das Durchdringen des „Dschungels" der Allgemeinen Geschäftsanweisungen des Anstellungsträgers, die verwaltungsinterne, geschlechtsneutrale Sprache, das Erlernen des Umgangs in einer Organisation mit eigenem Selbstbild (corporated identity) immer noch eine große Aufforderung sowohl für Berufsanfänger wie „alten Hasen" im Allgemeinen Dienst einer Sozialverwaltung.

---

4 Vgl. z.B. Poller, S./Weigel, H.-G. (2010): In ihrem Aufsatz „Die Fallbearbeitung im Allgemeinen Sozialen Dienst" gehen die Verfasser auf vielfältige methodische Themen (z.B. auf Respekt und Wertschätzung als Garant für einen fachlich qualifizierten Hausbesuch) ein, nicht aber darauf, wie dieser in einem Vermerk dokumentiert wird.

„Wenn ich spreche, dann ist es meine Aufgabe,
so zu sprechen, dass ich verstanden werde,
und nicht die Aufgabe des Zuhörers, richtig zu raten."

Gabor von Varga, Transaktionsanalytiker

3

Tätig werden nach dem SGB VIII im Allgemeinen Sozialen Dienst

Biographische und berufliche Erfahrungen, individuelle Überzeugungen und Einstellungen steuern relativ unbewusst und ganz allgemein den beruflichen Alltag. Problemanzeigen, Sachverhalte und das darauf folgende Tätigwerden der im ASD zuständigen Mitarbeiter können so durch bestimmte Sichtweisen beeinflusst werden und Auswirkungen auf relevante Eingangsfragen haben:

1. Die gesetzliche Auftragslage (Geht es um Sozialleistungen, um andere Aufgaben, um einen Schutzauftrag? Auf welche Rechte sind die Betroffenen hinzuweisen?);
2. Anspruchsvoraussetzungen, gesetzlich normierte Tatbestände (Ist kindliche Entwicklung gefährdet? Welche Hilfe ist notwendig und geeignet? Was dient dem Wohl des Kindes am besten?);
3. Informationsverarbeitung (Was muss ich wissen? Welche Informationen darf ich von wem und wozu einholen, verwenden und/oder weitergeben?).

Nicht selten wird die *Klärung der Zuständigkeit* von Außenstehenden belächelt. Unterstellt wird eine abwehrende Haltung, um möglichst nicht dienstbar werden zu müssen. Wer sich allerdings gezielt zum ASD begibt, hat schon ein sehr ernsthaftes Anliegen, das sich in der Regel nicht in einem telefonischem Informationsgespräch erledigen lässt.

Setzen wir einmal beispielhaft das Hilfeersuchen eines Minderjährigen voraus, so ist es daher richtig und wichtig, zunächst in einem *Erstgespräch*

1. nach der Art des Anliegens,
2. dem Wohnort (der Eltern bzw. Personensorgeberechtigten) des betroffenen jungen Menschen und seinem Alter zu fragen, und auch danach,
3. seit wann die Beteiligten unter der jeweils angegebenen Adresse wohnen und
4. ob irgendwelche Verfahren anhängig sind oder Jugendhilfeleistungen gewährt werden.

Hieraus ergibt sich nämlich erst, ob ein *Anspruch* auf Beratung und Unterstützung bzw. in welcher *Art* ein solcher besteht. Die allgemeinen Vorschriften des SGB VIII regeln zunächst einmal nur, dass sich die Leistungsansprüche an den örtlichen Träger der Jugendhilfe richten. Wer das in welchem Fall ist, wird im Gesetz in den *§§ 86 bis 89 SGB VIII* im Einzelnen geregelt.[5]

Neben dieser Klärung der Eingangsvoraussetzungen des Tätigwerdens regeln die *Allgemeinen Vorschriften* des SGB VIII auch, was überhaupt Leistungen und Aufgaben der Jugendhilfe sind, dass alle über ihre Rechte aufgeklärt werden müssen und wie vorzugehen ist, wenn ein Gefährdungsrisiko für ein Kind oder einen Jugendlichen abzuklären ist (§ 8a SGB VIII).

Nur in wenigen Fällen sind Minderjährige selbst leistungsberechtigt: Bei der Inobhutnahme, der Beratung ohne Wissen ihrer Eltern oder Personensorgeberechtigten oder als mindestens Fünfzehnjährige, die Anspruch auf Eingliederungshilfe nach § 35a SGB VIII haben. In Bezug auf Umgangsregelungen können auch Umgangsberechtigte Anspruch auf Beratung und Unterstützung haben. Im Prinzip richten sich aber alle Leistungen der Jugendhilfe, die der ASD anzubieten hat, an die Eltern bzw. Personensorgeberechtigten von Minderjährigen oder an junge Volljährige.

---

5 Mit Einführung des Bundeskinderschutzgesetzes zum 01.01.2012 erfolgten in den §§ 86–89h einige Änderungen, die zu beachten unbedingt notwendig sind.

3.1 Zur Entwicklung des Datenschutzes in der Jugendhilfe

Vor Einführung des SGB VIII ab 1990 gab es im Jugendhilferecht keine Bestimmungen zum Datenschutz. Sie wurden erst auf Intervention der beteiligten Bundesländer in das Gesetz aufgenommen. Aber auch ohne die jetzigen Datenschutzbestimmungen im SGB VIII waren die Übermittlung, die Weitergabe, Speicherung und Verarbeitung von Daten gesetzlich geschützt und geregelt.

Nach den Bestimmungen des Volkszählungsgesetzes sollte im Frühjahr 1983 eine Volkszählung in Form einer bundesweiten Totalerhebung stattfinden. Gegen dieses Bundesgesetz wurden mehrere Verfassungsbeschwerden erhoben. Darauf hin hatte sich das Bundesverfassungsgericht wegen des Verfassungsgrundsatzes des „informellen Selbstbestimmungsrechtes" (Jeder hat das Recht, Preisgabe und Verwendung von Daten selbst zu bestimmen) mit der Erhebung von Daten befasst. Das Bundesverfassungsgericht hat nicht nur das Gesetz zur Volkszählung verworfen („Volkszählungsurteil")[6], sondern auch dem Gesetzgeber auferlegt, ein Datenschutzgesetz zu erlassen. Es regelte die Erhebung von Daten erstmals explizit als erste Phase der Datenverarbeitung.

3.2 Der Schutz der Daten

Frau Wichtig ist erbost: Sie will wissen, wer sie beim Jugendamt angeschwärzt habe und wie Frau Fleißig vom ASD dazu komme, sich in der Schule und in der Tagesstätte nach ihren Kindern zu erkundigen. Sie beschwert sich beim Jugendamtsleiter. Sie erklärt, sie wolle mit dem Jugendamt nichts zu tun haben, sie habe kein Vertrauen, Frau Fleißig habe in Missachtung ihrer Rechte als Mutter und eh-

6 Das Volkszählungsurteil ist eine Grundsatzentscheidung des Bundesverfassungsgerichts vom 15. Dezember 1983 (AZ. 1 BvR 209, 269, 362, 420, 440, 484/83), mit der das Grundrecht auf informationelle Selbstbestimmung als Ausfluss des allgemeinen Persönlichkeitsrechts und der Menschenwürde etabliert wurde. Das Urteil gilt als Meilenstein des Datenschutzes. Anlass war eine für April bis Mail 1983 geplante, aufgrund des Urteils erst 1987 modifiziert durchgeführte Volkszählung in der damaligen – vor der Wiedervereinigung – Bundesrepublik Deutschland.

renhafte Bürgerin gehandelt. Ihr Anwalt fordert die Übersendung der Akte, weil er rechtliche Schritte gegen die anzeigende Person und Frau Fleißig einleiten wolle. Es meldet sich beim Jugendamtsleiter das Ratsmitglied, Herr Schlaumeyer. Er will Informationen über den Sachverhalt und verlangt, dass die Stadtverwaltung sich aus Familienangelegenheiten herauszuhalten habe. Einige Wochen später fordert die Staatsanwaltschaft die Akte des Jugendamtes an, weil sie aufgrund einer Anzeige gegen den Partner von Frau Wichtig wegen Körperverletzung gegen das jüngste Kind ermittelt. Der Jugendamtsleiter fordert im Rahmen seiner Dienst- und Fachaufsicht sowie des Beschwerdemanagements der Kommune einen schriftlichen Bericht und sofortige Rücksprache mit Frau Fleißig.

Ein Szenario, das so oder ähnlich immer wieder vorkommt, wenn ASD-Fachkräfte im Rahmen ihrer Garantenpflicht tätig werden. Wie gut, dass Frau Fleißig die Datenschutzbestimmungen kennt!

Die Bearbeitung und der Umgang mit der klientenbezogenen Akte ist zugleich der Ausweis von Rechtmäßigkeit und Qualität professionellen Handelns. Die Bestimmungen des Datenschutzes, seine Kenntnis und Einhaltung schützen die Rat- und Hilfesuchenden und die im ASD tätigen professionellen Akteure.

Die Datenschutzregelungen sind Ausdruck für den Paradigmenwechsel von einer ordnungsrechtlichen hin zu einer sozialeistungsorientierten Auffassung von Jugendhilfe. Sie stärken das Vertrauen der Klienten in die Träger der Jugendhilfe und in ihre Angestellten und fördern deren Fachlichkeit. Diese sind gehalten, mit äußerster Präzision geeignete und erforderliche Daten für den jeweiligen Zweck zu erheben.

Der Inhalt dieser Vorschriften im Sozialgesetzbuch korrespondiert mit dem Gebot der Schweigepflicht nach § 203 Strafgesetzbuch[7]. Sozialarbeiterinnen und Sozialarbeiter bzw. diejenigen, die eine Tätigkeit auf Grundlage des SGB VIII ausüben, haben zwar die Pflicht zu schweigen, aber kein Zeugnisverweigerungsrecht nach § 53 Strafprozessordnung[8]; auf keinen Fall dann, wenn sie von der Schweigepflicht entbunden sind. Andererseits ist der

7 „Die strafrechtliche Schweigepflicht gilt für die in § 203 Abs.1 Nr. 1–6 StGB genannten Personen, also für Psychologen und SA/SP im öffentlichen Dienst, im Dienst freier Träger und sonstiger Arbeitgeber sowie für selbständig tätige Psychologen und SA/SP (...)" (Papenheim/Baltes/Tiemann 2005, S. 190) (Gesetzestext siehe Glossar).

8 § 53 StPO, Zeugnisverweigerungsrecht aus beruflichen Gründen (Gesetzestext siehe Glossar).

Datenschutz in der Jugendhilfe durch die Bestimmungen des SGB VIII besonders ausgeprägt.

Das Bundeskinderschutzgesetz ist am 01.01.2012 in Kraft getreten. Es bringt in Bezug auf die Datenschutzregeln für Schulen, Ärzte u.a. im Rahmen des Kinderschutzes die Möglichkeit, sich beraten zulassen. Unter bestimmten Voraussetzungen (§ 4, Abs. 3 BKiSchG) erlaubt es ihnen, Kindeswohlgefährdungen dem Jugendamt zu melden. Durch § 8a Abs. 5 SGB VIII, der ebenfalls durch das BkiSchG eingeführt wurde, wird sichergestellt, dass dasjenige Jugendamt, dem gewichtige Anhaltspunkte für die Gefährdung des Wohls eines Minderjährigen bekannt geworden sind, das örtlich zuständige Jugendamt informiert.

3.3 Allgemeine Grundsätze im Datenschutz

Datenverarbeitung umfasst Erheben, Speichern, Nutzen und Weitergeben von Informationen.

Nach dem Urteil des Bundesverfassungsgerichtes (15.12.1983) durften Daten nur erhoben werden, wenn der Betroffene einwilligt (Grundsatz der Freiwilligkeit) oder wenn ein Gesetz das Recht der Betroffenen auf informationelle Selbstbestimmung einschränkt bzw. die Pflicht zur Auskunft begründet.

Infolge des Bundesverfassungsgerichtsurteils, das Bindungswirkung hat, wurde das Bundesdatenschutzgesetz (BDSG, 1977 in Kraft getreten) geändert. Ferner mussten die Datenschutzbestimmungen in den §§ 68 ff SGB X nachgebessert werden.

Nach alldem ist die *Datenverarbeitung* zulässig,

- wenn ein Gesetz inhaltlich genau aussagt, was erlaubt ist oder
- wenn die (i.d.R.) schriftliche Einwilligung des Betroffenen vorliegt, aus der auch hervorgeht, in welchem Umfang, zu welchem Zweck und für wen Daten verarbeitet werden, und dass der Betroffene über die Widerrufbarkeit seiner Einwilligung informiert ist (vgl. § 4 DSG NW).

Diese Grundsätze sind von Bedeutung für jede Entbindung von der Schweigepflicht, die im ASD verwendet wird.

Die *Erhebung von Daten*, z.B. für einen Antrag auf Hilfe zur Erziehung, ist zulässig, wenn

- zur Aufgabenerfüllung erforderlich,
- das Persönlichkeitsrecht des Einzelnen nicht beeinträchtigt ist,

- die Daten beim Betroffenen erhoben werden,
- dieser über den Verwendungszweck und
- die Rechtsvorschriften aufgeklärt worden ist.

Fehlt es an einer dieser Voraussetzungen, dürfte die Datenerhebung schon grundsätzlich nicht zulässig sein.

Von der grundsätzlichen Zweckbindung aller Daten sind Ausnahmen nur durch Gesetz oder durch die Einwilligung des Betroffenen zugelassen. Im Grunde liegt bei jeder Weitergabe von Daten über den ursprünglichen Zweck hinaus eine Zweckänderung vor.

In jeder einzelnen Phase der Datenverarbeitung müssen *Datensicherungsmaßnahmen* getroffen sein: Akten werden daher unter Verschluss gehalten, sind nur der zuständigen Person, deren Vertreter oder Vorgesetzten zugänglich, Computer und einzelne Programme werden durch ein Kennwort geschützt, Aktenvernichtung über den Schredder vorgenommen.

Es muss geklärt und geregelt sein, wer Zugang zu den Daten hat, weswegen Vertretungen generell geregelt sein müssen. Das verfahrensrechtliche Vorgehen und der organisatorische Aufwand zur Sicherung der Daten müssen verhältnismäßig sein: Die Akte sollte außerhalb des Büros in einer Tasche oder einem Umschlag transportiert werden und eingeschlossen oder mit Codewort gesichert sein, um unberechtigten Zugang zu verhindern.

Nicht jeder Beteiligte (Fachkraft oder Familienmitglied) darf alles aus der Akte erfahren. Für die Entscheidung darüber, welche Hilfe zur Erziehung gewährt wird, sind andere Personen (sozialpädagogische Fachkräfte) mit anderen Informationen zu beteiligen (vgl. z.B. § 36 SGB VIII) als z.B. für die Aufgaben in der wirtschaftlichen Jugendhilfe (Verwaltungsfachkräfte) bei der monetären Abwicklung von beschlossenen Leistungen.

Die Grundsätze der Voraussetzungen für die *Übermittlung von Daten* gelten auch innerhalb einer Behörde (z.B. Kommune), eines Amtes (Jugendamt), einer Abteilung (Erziehungshilfe), eines Sachgebietes (ASD/Jugendgerichtshilfe) und auch zwischen Beschäftigten. Denn aus einer organisatorischen Einheit (z.B. gehören ASD und Jugendgerichtshilfe zu einer Abteilung) ergibt sich keine informationelle Einheit, weil die Datenverarbeitung in der Regel an den Zweck gebunden ist. Diese Zweckbindung ist i.d.R. aus Sicht der Betroffenen auszulegen.

In der Jugendhilfe ist dieser Grundsatz allerdings kaum beachtet. Erkenntnisse, die aus der Mitwirkung in Sorgerechtsverfahren oder der Mitwirkung in Jugendgerichtsverfahren vorliegen, werden auch ohne Berechtigung vielfach ohne gesetzliche Grundlage oder ohne Erlaubnis der Betroffenen in Vorgänge von Hilfe zur Erziehung übernommen.

Daten dürfen nicht auf Vorrat erhoben werden und auch nicht beliebig zwischen Beschäftigten ausgetauscht werden.

Im Berufsalltag sind die Klienten regelmäßig über die Vorschriften des Datenschutzes, ihre eigenen Rechte und die ihrer Gegenüber zu informieren.

Verantwortlich für die Einhaltung der Datenschutzbestimmungen ist in einer Kommune zunächst einmal nach dem Prinzip der Fachaufsicht das Fachamt. Dennoch haftet jeder einzelne Mitarbeiter, der sich nur durch Vorgesetzte entlasten kann. Bei Unklarheiten können und müssen die Einzelnen sich nicht nur an Vorgesetzte wenden, sie haben möglicherweise auch beim eigenen Anstellungsträger einen Datenschutzbeauftragten.

Werden Datenschutzverstöße in einer Kommune festgestellt, so kann der Landesdatenschutzbeauftragte, an den sich jeder Bürger oder auch eine Behörde wenden kann, bindende Empfehlungen machen. Der Datenschutzbeauftragte des Landes NRW z. B. hat dies inzwischen mit seiner Veröffentlichung von Juni 2008 zum Datenschutz im Jugendamt bzw. in der Jugendhilfe getan (vgl. FN[10]).

Die Nichtbeachtung von Verstößen kann dazu führen, dass der Regierungspräsident als Aufsichtsbehörde einer Kommune die Beachtung der Empfehlung anordnet.

Der Datenschutzbeauftragte einer Kommune hat ein Empfehlungsrecht, die Verwaltungsleitung, der die Organisationshoheit obliegt, hat die Verantwortung, diese Empfehlung durchzusetzen.

Soll der *Aufbau* einer Organisation (Zuordnung von Aufgaben, Verantwortung und Kompetenzen zu Stellen) oder der *Ablauf* einer Organisation (Arbeitsschritte, deren Reihenfolge, deren Ausführungsinstanzen, deren Hilfsmittel wie Formulare, Geräte etc.) verändert werden, sollte der Datenschutzbeauftragte regelmäßig mit einbezogen sein, weil dies späteren kostspieligen Veränderungen vorbeugt.

Die Bestimmungen zum Datenschutz wurden durch die Bestimmungen der Informationsfreiheitsgesetze (IFG Bund vom 01.01.2006 und z. B. das von NRW vom 01.01.2002) ergänzt. Diese beziehen sich zwar auf Verwaltungsverfahren allgemein, nicht aber auf darin geführte personenbezogene Daten (des Einzelfalls), für die die Datenschutzbestimmungen gelten.

Nach § 4 Abs. 1 des Gesetzes über die Freiheit des Zugangs zu Informationen (IFG NRW) besteht grundsätzlich auch gegenüber einem Jugendamt der Anspruch auf Zugang zu den bei dieser Stelle vorhandenen amtlichen Informationen. Dies gilt ebenso bei dem Wunsch, eine interne Dienstanweisung zur Ausgestaltung des Verfahrens und der Entscheidungsfindung im Bereich der Jugendhilfe (Hilfeplanrichtlinien, Förderbedingungen) einzusehen.

Herr Schlaumeyer kann also die Antwort erhalten: Rechtsgrundlage des Vorgehens war § 8a SGB VIII. Das Vorgehen wird durch die Dienstanweisung 281 vom 02.01.2012 näher geregelt.

Übermittlungen personenbezogener Daten sind durch diese allgemeinen Gesetze (IFG) bzw. Regelungen durchweg nicht erlaubt. Es dürfen z. B. keine Informationen darüber gegeben werden, für wen Hilfe zur Erziehung gewährt wird, was in unserem Beispiel Anlass eines Vorgehens nach § 8a SGB VIII war.

In spezialgesetzlichen Vorschriften sind meistens Datenschutzbestimmungen eingearbeitet, in denen der Gesetzgeber dem jeweiligen Sachbereich entsprechend Datenerhebung, -verarbeitung und -schutz angemessen zu regeln versucht; so z. B. im SGB X für das Sozialrecht oder im SGB VIII speziell für die Jugendhilfe.

Bundes- und Landesdatenschutzgesetze gelten als allgemeine Gesetze nur dann, wenn es keine Spezialvorschriften gibt. In Bezug auf die Jugendhilfe bedeutet dies, dass in folgender Reihenfolge bei der Sachbearbeitung geprüft werden muss, ob der Tatbestand unter folgenden Datenschutznormen zu subsumieren ist:

- §§ 62–68 SGB VIII; wenn nicht, dann
- § 35 SGB I i. V. m. §§ 67–85 SGB X, oder
- allgemeines Verwaltungsrecht (VwVfG NW oder des Bundes, VwGO).

Erst wenn sich der Tatbestand nach diesen Prüfungen immer noch nicht subsumieren lässt, wird zurückgegriffen auf das allgemeine Landesdatenschutzgesetz oder – bei Fehlanzeige dort – auf das Bundesdatenschutzgesetz.

3.4 Datenschutzbestimmungen im SGB VIII

Grundsätzlich ist darauf hinzuweisen, dass der Sprachgebrauch in den Datenschutzbestimmungen des SGB VIII nicht mit dem in anderen Gesetzen abgestimmt ist. So wird von Personen, von Betroffenen, von Verwendung, von Nutzen usw. gesprochen, ohne eine präzise Bestimmung vorzunehmen. Deutlich wird aber, dass der Gesetzgeber die Absicht hatte, jeglichen Umgang bei der Datenverarbeitung zu erfassen und insbesondere diejenigen Daten zu schützen, die als Einzelangaben einen Bezug zu einer natürlichen Person herstellen lassen oder möglich machen.

§ 61 SGB VIII

Diese gesetzliche Vorgabe definiert den *Anwendungsbereich* der Datenschutzbestimmungen für die Jugendhilfe bei öffentlichen Trägern, ihnen zuarbeitenden kommunalen Stellen und die Anwendung für Einrichtungen der freien Jugendhilfe. Weiter gilt die Bestimmung für Amtspfleger, Amtsvormünder, Beistände und Gegenvormünder. Ausdrücklich ist in § 61 Abs. 1 festgehalten, dass für den Datenschutz in der Jugendhilfe § 35 SGB I und §§ 67–85a SGB X gelten.

§ 62 SGB VIII

Hier wird die *Datenerhebung* in der Jugendhilfe geregelt; speziell wird auf die Zweck- und Einzelfallorientierung zur jeweiligen Aufgabenerfüllung abgehoben.

Grundsätzlich sind die Daten beim Betroffenen zu erheben (Verfahren der Unmittelbarkeit). Die Darstellung der Rechtsgrundlage und die Aufklärung über den Verwendungszweck sind erforderlich und auch die Aufklärung darüber, welche Konsequenzen es hat, wenn der Befragte keine Angaben machen will (z. B. Ablehnung eines Antrages). Daten auf Vorrat zu erheben, ist nicht zulässig.

Ob die Erhebung von Daten beim Betroffenen möglich ist, muss sehr eng aus seiner Perspektive entschieden werden. Mögliche Ausnahmen sind vorsichtig zu handhaben. Der Katalog von Voraussetzungen für entsprechende Regelungen in § 62 Abs. 3 und 4 SGB VIII ist (inzwischen unter Einbeziehung des Schutzauftrages bei Kindeswohlgefährdung gem. § 8a SGB VIII) abschließend, was heißt: Wenn keine der genannten Voraussetzungen vorliegt, können die Daten nur beim Betroffenen erhoben werden.[9]

§ 63 SGB VIII

Diese Bestimmung regelt die *Datenspeicherung* in jeder einzelnen Datenverarbeitungsphase. Eine strikte Aufgabenbezogenheit bleibt Prinzip. § 63 Abs. 2 SGB VIII bestimmt, dass Daten, die zu unterschiedlichen Aufgaben

9 „Ohne Mitwirkung des Betroffenen dürfen" Daten erhoben werden, „wenn ihre Erhebung beim Betroffenen nicht möglich ist oder die jeweilige Aufgabe ihrer Art nach eine Erhebung bei anderen erfordert, die Kenntnis der Daten aber erforderlich ist für (...) die Erfüllung des Schutzauftrages bei Kindeswohlgefährdung nach § 8a oder" die Erhebung unverhältnismäßig wäre oder „die Erhebung bei dem Betroffenen den Zugang zur Hilfe ernsthaft gefährden würde" (§ 62 SGB VIII).

erhoben wurden, nur zusammengeführt werden dürfen, wenn dies unbedingt für die jeweilige Aufgabe erforderlich ist. Wann eine solche Erforderlichkeit vorliegt, bestimmt die objektive Sicht eines Betrachters, die im Zweifelsfall begründet werden muss.

Grundsätzlich ist es erforderlich, für die jeweilige Aufgabe Einzelvorgänge (Akte) zu bilden, z. B. jeweils Akten für Beratung, Mitwirkung, Hilfe zur Erziehung. Unter dem Begriff „Akte" sind zu verstehen: Tonbänder, Filme, Papier und sonstige Medien, mit deren Hilfe irgendetwas aufgezeichnet ist oder wird.

Das bedeutet auch, dass Klienten bezüglich eines jeden neuen Vorgangs gefragt werden müssen, ob sie die „Betreuung" wechseln wollen. Ausgenommen bei den anderen Aufgaben („hoheitliche" Aufgaben).

Frau Wichtig kann bei der Einschätzung des Gefährdungsrisikos für ihre Kinder die Ablösung von Frau Fleißig oder des Jugendamtes als Träger nicht verlangen.

Werden Akten abgelegt, so können diese nur mit Einverständnis aller Betroffenen wieder herangezogen werden. Wenn auch die Aufbewahrung von Akten rein organisatorisch so geregelt ist, dass ein Zugriff wieder möglich ist, so heißt dies nicht, dass ein solcher Zugriff den einzelnen Fachkräften noch weiter zusteht.

Neben den datenschutzrechtlichen gibt es auch methodische Gründe für die getrennte Aktenführung. Die Fachkraft sollte sich genau überlegen, für welche Aufgabe sie eine Akte führt. Es ist sinnvoll, nicht nur Familienakten für Einzelvorgänge (z. B. Familienberatung), sondern für jede Person in der Familie eine eigene Akte je Aufgabe zu führen (z. B. bei Hilfe zur Erziehung oder Mitwirkung).

Auch wenn es nicht immer bewusst wahrgenommen wird, signalisiert die Akte den Bezugsrahmen zwischen Klient und Fachkraft. Dieser Kontext bestimmt auch das weitere Vorgehen, nämlich ob die Sozialarbeiterin berät, Hilfe leistet, Informationen sammelt oder Gefährdungsrisiken einschätzt bzw. abwendet. Angesichts von Aktenbergen und Posteingängen müssen Informationen aufgabenorientiert selektiert werden. Die getrennte Aktenführung dient als Ordnungsprinzip im Arbeitsalltag.

§ 64 SGB VIII

Diese gesetzliche Vorgabe ist eine der *zentralen* Vorschriften des Datenschutzes im SGB VIII. Hier wir geregelt, wann die Offenbarung von Daten zulässig ist und das Verwertungsverbot wird begründet.

Aus § 64 Abs. 2 SGB VIII ist abzuleiten, dass die Vertretung in der Sachbearbeitung organisatorisch festgelegt sein muss (Zweckbindung). Der hier vorgeschriebene Datenschutz bindet stärker als der in § 69 SGB X und hat auch Vorrang vor der Aufgabe gem. § 50 Abs. 2 SGB VIII. Die Inhalte für letztere müssen bei den Betroffenen extra erhoben werden. § 50 Abs. 2 Satz 2 SGB VIII gebietet nur die Information an das Gericht über den Stand des Beratungsprozesses, nicht aber über dessen Inhalte. Die Bestimmungen des § 64 Abs. 2 SGB VIII haben keinen Vorrang vor § 8a Abs. 3 SGB VIII (Anrufung des Familiengerichtes) im Rahmen des Schutzauftrages bei Kindeswohlgefährdung

§ 65 SGB VIII

Eine *weitere zentrale* Regelung des Datenschutzes wird hier formuliert. Jeder einzelne Mitarbeiter ist Adressat dieser Norm. Hier wird also der Adressatenkreis, der in § 203 Abs. 1 StGB genannt wird, erweitert, und zwar um jeden Mitarbeiter, dem ein Klient aus seiner subjektiven Sichtweise etwas anvertraut hat. Anvertraut hat ein Klient einem Mitarbeiter dann etwas, wenn er Verschwiegenheit vorausgesetzt und sich darauf verlassen hat, dass sie eingehalten wird. Durch die Formulierung „bekannt geworden" werden auch alle Inhalte einbezogen, die nicht der Betroffene selbst anvertraut hat, sondern auch die, die von Dritten mitgeteilt wurden.

Durch die Neufassung der Normen zum Schutzauftrag bei Kindeswohlgefährdung (2005) wurde auch § 65 SGB VIII erweitert. Explizit wurde aufgenommen, dass Mitarbeiterinnen und Mitarbeiter Daten in den Fällen des § 8a SGB VIII an das Familiengericht oder andere Leistungsträger sowie an erfahrene Fachkräfte weitergeben dürfen, die Mitarbeiter beraten sollen, letztere aber anonymisiert.

Für den Datenschutz und die *Auskunftspflichten, Rechte auf Akteneinsicht* etc. können je nachdem, ob es sich um Leistungen der Jugendhilfe (z. B. Hilfe zur Erziehung) oder um eine andere Aufgabe (Inobhutnahme oder Mitwirkung) handelt, unterschiedliche Normen gelten.

Für den Bereich der Amtsvormundschaft bzw. -pflegschaft wird dies z. B. deutlich im § 68 SGB VIII, für die Mitwirkung in Familiengerichtsverfahren z. B. in § 8a Abs. 3 SGB VIII i. V. m. FamFG und ZPO, für die Jugendgerichtshilfe z. B. in § 52 Abs. 1 u. 2 SGB VIII.
Das Auskunftsrecht, die Auskunftspflicht, für die es im SGB VIII keine einschlägigen Bestimmungen gibt, richten sich nach den für die Sozialleistungen geltenden Gesetzen (§§ 35 ff SGB I und §§ 25 ff SGB X, worauf § 61 Abs. 1 SGB VIII auch verweist) oder nach denen, die für die anderen Aufgaben gem.

SGB VIII gelten, in je spezifischer Weise. Insoweit gehen die Bestimmungen der §§ 61 ff. SGB VIII in Verbindung mit den §§ 67 bis 85a SGB X den Regelungen des Informationsfreiheitsgesetzes in der Regel vor (§ 4 Abs. 2 Satz 1 IFG).

Weil einzelne Vorgänge in je einzelnen Akten geführt werden müssen, kann es *kein Recht* einer Person oder Behörde geben, einzusehen, was es alles zu einem „Fall“ oder zu einer Person gibt. Weil in Einzelvorgängen oder Akten Informationen, die dem informationellen Selbstbestimmungsrecht anderer Personen unterliegen, i. d. R. enthalten sind, kann auch keine Person seine Akte ganz einsehen oder anderen zur Einsicht zur Verfügung stellen.

Gleich, ob es sich um eine elektronische oder konventionelle, um eine Leistungsakte oder um eine zur Mitwirkung handelt, die Akte ist von der Anlage bis zu ihrem Abschluss so zu führen, dass dem Recht der Betroffenen auf Auskunft und Akteneinsicht bestmöglich nachgekommen werden kann.[10]

Geht es um möglicherweise strafbares Verhalten, kann sich eine Fachkraft im ASD nicht auf das Recht der Zeugnisverweigerung oder die Bestimmungen des Datenschutzes berufen. Für eine Aussage bedarf es einer Genehmigung der Dienststellenleitung. Ein Gericht kann beschließen, dass das Vorlegen von Schriftstücken, Akten und Dateien erfolgen oder dass eine Fachkraft Auskunft geben muss.[11]

---

10 Wir weisen in diesem Zusammenhang auf die Empfehlung der Landesbeauftragten für Datenschutz NRW hin. Dort werden Akteneinsicht, Aktenführung, Aktenherausgabe, Aktenübersendung, Umfang der Aktenvernichtung, Akten für ein Strafverfahren (§ 73 SGB X), Amtsermittlung, Amtshilfe (§§ 3 ff. SGB X), Anonymisierung (§ 67 Abs. 8 SGB X), Auskunftserteilung (§ 61 Abs. 1 SGB VIII in Verbindung mit § 83 SGB X), Beratungsgespräche, Einkommens- und Vermögensverhältnisse, Einwilligung (§ 67b Abs. 2 SGB X), Erforderlichkeitsgrundsatz, Erhebung von Daten, Jugendhilfeplanung, Organisation Jugendamt, Vertraulichkeit, Zentraldatei, Zeugnisverweigerungsrecht, leichtverständlich diskutiert (vgl. Landesbeauftragte für Datenschutz und Informationsfreiheit Nordrhein-Westfalen: Datenschutz im Jugendamt, 06/2008).

11 In Folge des Osnabrücker Prozesses gegen eine Diplom-Sozialpädagogin im ASD wegen fahrlässiger Tötung (1994) ist spätestens seit 1995 die Beschlagnahme von Jugendamtsakten in der Diskussion (vgl. Wiesner u. a. SGB VIII, Kommentar 1995; Landesbeauftragte NW 2008). Zur Aufklärung im bekannten Todesfall Kevin hat die Bremische Bürgerschaft, der Untersuchungsausschuss „Kindeswohl“, die Akten eingesehen und das Ergebnis seiner Prüfung in Einzelheiten im Untersuchungsbericht veröffentlicht (Bremische Bürgerschaft: Drucksache 16/1381 vom 18. 04. 2007, S. 97 ff.). Die Stadt Wuppertal (NRW) hatte anlässlich des Todes des Pflegekindes Talea für eine Darstellung des Fallverlaufes 2008, der auf dem Akteninhalt zu beruhen schien, sogar eine eigene Website eingerichtet. Die chronologische Falldokumentation findet sich 2011 unter folgendem Link: www.agsp.de/assets/applets/Do-kumentation_talea.pdf.

Datenschutz ist kein Selbstzweck; er ist praktizierte Rechtsstaatlichkeit, Ausfluss des Grundrechtes auf Selbstbestimmung. Datenschutz schützt nicht die Daten, sondern die Bürger und gibt für die Sachbearbeitung Handlungssicherheit.

„Stil ist richtiges Weglassen des Unwesentlichen."

Anselm Feuerbach, deutscher Maler, 1829–1880

4

Das Jugendamt: Schriftverkehr auf dem Dienstweg

Die Beschäftigung mit gesetzlichen Regelungen, organisatorischen Gliederungen und verwaltungsbestimmten Vollzügen gehört nicht unbedingt zu den bevorzugten Themen studentischer Interessen im Rahmen der Ausbildung zum/zur Sozialarbeiter/in. Ein Überblick[12] über das SGB VIII soll einen ersten Zugang erleichtern.

12 Die kursiv markierten Überschriften weisen auf Sozialleistungen und andere Aufgaben hin. Für den ASD wichtige Regelungen werden benannt. Aus den §§ 1–10 und §§ 61–105 SGB VIII ergibt sich der gesetzliche Rahmen für die Aufgabenwahrnehmung in der Jugendhilfe. Dieser Rahmen beschreibt Ziele und Grundsätze (im ersten Kapitel), bestimmt u. a. den Datenschutz (viertes Kapitel), Strukturen und Zusammenarbeit von öffentlicher und freier Jugendhilfe sowie Anforderungen an deren Mitarbeiterschaften und die Zusammenarbeit mit anderen Stellen und Einrichtungen (fünftes Kapitel), die Zusammenarbeit der öffentlichen Träger in Leistungsfällen (siebtes Kapitel) und bei Einschätzungen von Gefährdungsrisiken und dem Abwenden von Kindeswohlgefährdungen (erstes Kapitel) und Kostenbeteiligungen von Minderjährigen, Eltern und jungen Volljährigen (achtes Kapitel).

Allgemeine Vorschriften, Grundsätze §§ 1–10 mit den *Aufgaben der Einschätzung und Abwendung von Gefährdungsrisiken* Insbesondere pädagogische Leistungen der Jugendhilfe §§ 11–41 mit den *Hilfen zur Erziehung, der Eingliederungshilfe und der Hilfe für junge Volljährige* *Andere Aufgaben §§ 42–60* mit der *Mitwirkung bei Verfahren vor den Familiengerichten und nach dem Jugendgerichtsgesetz* Schutz von Sozialdaten §§ 61–69 mit dem besonderen Vertrauensschutz in persönlichen und erzieherischen Hilfen Träger der Jugendhilfe, Zusammenarbeit, Gesamtverantwortung §§ 69–81 u. a. mit Zuständigkeiten, den Vorschriften zur fachlichen und persönlichen Eignung der Mitarbeiterinnen und Mitarbeiter sowie deren Fortbildung und Praxisberatung Zentrale Aufgaben §§ 82–84 u. a. mit Aufgaben der Länder und Notwendigkeit des Jugendberichtes Zuständigkeit und Kostenerstattung §§ 85–89 h mit Sonderregelungen für Zuständigkeitswechsel z. B. bei Pflegeverhältnissen Kostenbeteiligung §§ 90–97c u. a. mit der Möglichkeit, von der Heranziehung zu den Kosten abzusehen Kinder und Jugendhilfestatistik §§ 98–103 mit der abschließenden Benennung von Erhebungsmerkmalen Straf und Bußgeldvorschriften §§ 104–105

Abbildung 1: Übersicht über die Gliederung des SGB VIII

Viele professionelle Kolleginnen und Kollegen stoßen auch im Verlauf ihrer Praxis noch oft an die Grenzen organisationsbezogener Kenntnisse. Die notwendigen Einsichten und der dazu gehörige „Durchblick" in Organisation und Struktur werden nicht selten über die praktischen (Hilfe-)Prozesse gewonnen. Organisation und Struktur können andererseits zur Sicherheit in Handlungsvollzügen beitragen. Das Verständnis von Strukturen (Jugendamt) und organisatorischen Abläufen (Dienstweg) gehört jedoch zum Handwerk, um Professionalität in der Sozialen Arbeit zu gewährleisten.

4.1 Organisation und Abläufe

Die Organisation der kommunalen Verwaltungen der alten Bundesländer entsprach seit den 1950er Jahren den Empfehlungen der „Kommunalen Gemeinschaftsstelle für Verwaltungsvereinfachung" (KGSt).[13] Obwohl jede Gemeinde die Organisation ihrer Verwaltung selbst bestimmen kann, sind deren Aufbau und Strukturen ähnlich. Diese Organisationshoheit ist nur durch wenige gesetzliche Vorschriften eingeschränkt. Hier ist beispielsweise der § 69 Abs. 3 SGB VIII interessant, dessen Regelungen jeden örtlichen Träger der Jugendhilfe verpflichten, ein zweigliedriges Jugendamt zu errichten (vgl. Papenheim/Baltes 2009, 43).

Das Jugendamt ist eines der wenigen Ämter einer Kommunalverwaltung, dessen Existenz (§ 69 Abs. 3 SGB VIII)[14] und Organisation (§ 70 Abs. 1f SGB VIII) durch Bundesgesetz vorgeschrieben sind.

Durch die Vorschrift zur Organisation (§ 70 SGB VIII) ist dem Jugendamt ein kommunalpolitischer Ausschuss zugehörig. Der *Kinder- und Jugendhilfeausschuss* (KJHA) bildet zusammen mit der *Verwaltung* das Jugendamt (§ 70 Abs. 1f SGB VIII). Man spricht auch von der Zweigliedrigkeit der Jugendhilfe. Beide führen die laufenden Geschäfte im Bereich der öffentlichen Jugendhilfe. (s. Abb. 2)

Neben diesen bundesgesetzlichen Vorschriften zur Organisation des Jugendamtes besteht die Organisationshoheit der Kommunen. Deshalb können die Organisationsformen der öffentlichen Jugendhilfe sehr unterschiedlich sein.[15] Die Letztverantwortung für die Erledigung der Aufgaben der Jugendhilfe nach § 2 SGB VIII, die vorwiegend dem Subsidiaritätsprinzip entsprechend von freien Trägern der Jugendhilfe wahrgenommen werden, trägt in der Kommune das Jugendamt.

Die tatsächliche Organisation ist jeweils übersichtlich dargestellt in dem betreffenden *Dezernatsverteilungsplan* und dem *Aufgabengliederungsplan*.[16]

---

13 Die Bezeichnung lautet heute: „Kommunale Gemeinschaftsstelle für Verwaltungsmanagement"; vgl. a. Kap. 2, siehe auch Glossar.

14 Die Bezeichnung SGB VIII macht die Stellung im Sozialgesetzbuch deutlich, das aus zwölf Teilen besteht, die miteinander korrespondieren: Achtes Buch des Sozialgesetzbuches. Das erste Buch und das zehnte Buch Sozialgesetzbuch enthalten Bestimmungen, die für alle anderen Teile des Sozialgesetzbuches gelten (vgl. auch ISS e.V. 2011).

15 Die Diskussion um die Organisationsformen und Aufgaben findet seit Einführung des SGB VIII 1990 statt; vgl. Kulbach, R./Wohlfahrt, N. 1994, 1996; Bossong, H. 2004 u. 2009[2]; Gissel-Palkovich, I. 2011; ISS e.V. 2011[2], Schrapper, Ch. 2012.

16 Der *Dezernatsverteilungsplan* ist ein Organigramm, welches anhand seines Aufbaus die an die Dezernenten übertragenen Verwaltungsgeschäfte und Zuständigkeiten abbildet. Meist ist in modernen Darstellungen neben der organisatorischen Darstellung auch die Verknüpfung zu anderen Führungsebenen der Kommune ersichtlich. Der *Aufgabengliederungsplan* ist ein systematischer Aufgabenkatalog. Er stellt in sachbezogener Weise alle Aufgaben einer Kommunalverwaltung nach Art und Zweckbestimmung dar (vgl. Kulbach, R./Wohlfahrt, N. 1994, 100/101).

Politische Vertretungskörperschaft
Stadtrat (Stadtverordnetenversammlung)/Kreistag

Beschlussfassung über grundsätzliche Fragen
Satzung und Mittel des Jugendamtes

JUGENDAMT

Zusammensetzung nach § 70 SGB VIII

Jugendhilfeausschuss	Verwaltung des Jugendamtes
Mitglieder (§ 71 Abs. 1 SGB VIII)	(§ 70 Abs. 2 u. § 72 Abs. 1 und 2 SGB VIII)
a) stimmberechtigte: • Mitglieder der Vertretungskörperschaft oder von ihr gewählte, in der Jugendhilfe erfahrene Männer und Frauen (3/5) • von der Vertretungskörperschaft auf Vorschlag der freien Jugendhilfe gewählte Männer und Frauen (2/5) b) beratende (nach Landesrecht), z. B.: • Vertreter der Kirchen und der jüdischen Kultusgemeinden • Vertreter der Schule • Arzt des Gesundheitsamtes • Familien- oder Jugendrichter • der Leiter der Verwaltung des Jugendamtes und der Leiter der Verwaltung der Gebietskörperschaft (je nach Landesrecht auch mit Stimmrecht)	• Leiter der Verwaltung der Gebietskörperschaft (Landrat, Oberbürgermeister/Bürgermeister) oder in seinem Auftrag Leiter der Verwaltung des Jugendamts (Jugendamtsleiter) • Sozialpädagogen/Sozialarbeiter/Psychologen u. a. • Verwaltungsfachkräfte
1. Beschlussrechte (§ 71 Abs. 3 SGB VIII) über: • Geschäftsordnung • Angelegenheiten der Jugendhilfe • Mittelverwendung jeweils im Rahmen von 2. Anhörungs- u. Antragsrecht (§ 71 Abs. 3 SGB VIII)	1. Ausführung der Beschlüsse der Vertretungskörperschaft und des Jugendhilfeausschusses (§ 70 Abs. 2 SGB VIII) 2. lfd. Geschäfte der Verwaltung (§ 70 Abs. 2 SGB VIII)

Abbildung 2: Schematische Übersicht über Kinder- und Jugendhilfeausschuss und Verwaltung des Jugendamtes innerhalb einer Kommune

Im Folgenden gehen wir von der gesetzlich vorgeschriebenen Organisation aus: dem Jugendamt als selbständige Einheit der Kommune, in dem die Aufgaben gem. § 2 SGB VIII wahrgenommen werden.

Die wichtigsten Grundlagen der Jugendhilfe sind das SGB VIII, die Landesgesetze zum SGB VIII, die Satzung und die Beschlüsse, die sich der politische Ausschuss gegeben hat. Der diesem Jugendamt zugehörige „Allgemeine Sozialdienst" (ASD), den wir hier exemplarisch darstellen, nimmt als Organisationseinheit des Jugendamtes ausschließlich Jugendhilfeaufgaben wahr. Sozialdienste in anderen Formen der Organisation berücksichtigen wir hier nicht.[17]

Am *Aktenzeichen* auf dem Kopfbogen des Briefes können die Adressaten erkennen, dass jemand aus dem Jugendamt schreibt.

Es gibt Ordnungsprinzipien – etwa die der KGSt –, nach denen in den Kommunalverwaltungen das *Dezernat* oder der *Fachbereich*, in dem die Aufgaben der Sozial-, Jugend- und Gesundheitsämter zusammengefasst sind, die Ordnungsziffer „5" führen. Die Kennung eines *Amtes* ist dann zweistellig, für das Jugendamt wird z. B. „51" vergeben, die Kennung einer *Abteilung* ist dreistellig. Aus Amts- und Abteilungskennung zusammen mit Sachgebiet und der Sachbearbeitung, gegebenenfalls noch mit einer Fallkennung, wird das *Aktenzeichen* gebildet. Im internen Postverkehr ist dieses eine Art Postleitzahl (z. B.: 51-512-3-4-S-12).

Die zuständige Stelle des Jugendamtes für die eine oder andere Aufgabe ist über verschiedene Wege auffindbar: Eine neue Mitarbeiterin oder ein neuer Kollege kann sich am besten und aktuellsten einen Überblick über die Aufgabenverteilung durch einen Blick auf das aktuelle Telefonverzeichnis oder die Webseite des Amtes verschaffen. In seiner Organisationseinheit wird es eine *Arbeitsplatzbeschreibung* geben, in der die dort zu erledigenden Aufgaben aufgeführt sind.

Bürgerinnen und Bürger erreichen das Jugendamt und die für sie dort zuständige Stelle am besten über die Telefonzentrale ihrer Stadt, Gemeindeverwaltung oder über die Webseite. Die meisten Kommunen haben einige Aufgaben der Jugendhilfe zentralisiert und andere regionalisiert, so dass die Bürger ihre Anliegen an zentraler (z. B. im Rat- oder Kreishaus) oder dezentraler Stelle (z. B. in Bürgerämtern des Stadtteils) erledigen können.

Die Aufgaben des ASD werden häufig *gemeinwesenorientiert* organisiert, um eine bessere Bürgernähe und Vernetzung der örtlichen Ressourcen zu ermöglichen. Eltern und junge Menschen können den ASD aufsuchen, sich mit

17 Gemeint sind die einem Sozialamt oder – seltener – in eigener Trägerschaft angegliederten Allgemeinen Sozialdienste.

jemanden aus dem Dienst bei Hausbesuchen oder an anderen Orten verabreden. In bestimmen Fällen (z. B. Abklärung eines Gefährdungsrisikos gem. § 8a SGB VIII) werden sie auch aufgesucht.

4.2 Der Allgemeine Sozialdienst (ASD)

Sämtliche Ämter einer Verwaltung sind in eine Organisationsstruktur eingebunden. Die Verwaltung des Jugendamtes kennzeichnet auf diese Art zahlreiche Abteilungen und Sachgebiete, die zugleich Handlungsfelder der Sozialen Arbeit (z. B. Jugendpflege, Tagesbetreuung) sind.

4.2.1 Organisatorische Einbindung

Die Tätigkeiten der ASD-Mitarbeiterinnen im Jugendamt sind in unserem vereinfachten Organigramm wie folgt geregelt: Die *Jugendgerichtshilfe* und der *Pflegekinderdienst* sind – wie die *wirtschaftliche Jugendhilfe* und der *ASD* – als eigenes Sachgebiet in der Abteilung 512 organisiert.

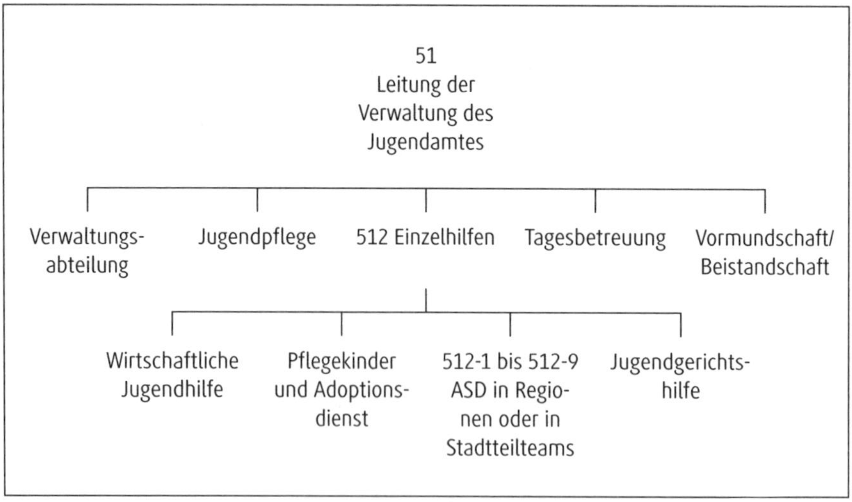

Abbildung 3: Organigramm der Verwaltung eines Jugendamtes unter besonderer Berücksichtigung der Einzelhilfen

4.2.2 Aufgaben im ASD

- Information über Rechtsfragen der Jugendhilfe und anderer Sozialleistungen, Dienste und Angebote im Stadtteil;
- Beratung im Stadtteil in Fragen von Partnerschaft, Trennung, neu zusammengesetzter Familien, elterliche Sorge, Lebensmittelpunkt des Kindes, Umgangsregelungen, Herstellen von Kontakten, Erziehung und Entwicklung;
- Abklärung von Gefährdungsrisiken, Kinderschutz und Inobhutnahme;
- Hilfe zur Erziehung, Hilfe für seelisch Behinderte junge Menschen, Hilfe für junge Volljährige initiieren, gewähren, begleiten, planen und ggf. durchführen;
- Netzwerkarbeit, sozialraumbezogene Ressourcenvermittlung;
- Mitwirkung in (familien-)gerichtlichen Verfahren, Beratungsangebote, Gespräche zur Anamnese, Gespräche mit Dritten im Umfeld, Berichte schreiben, Stellungnahmen verfassen, Teilnahme am Gerichtsterminen,
- Krisenintervention und Unterstützung in Bezug auf Regelungen für Minderjährige; Entwicklung eines einvernehmlichen Konzeptes für die elterliche Sorge und Regelung des Umgangs zur Herstellung von Kontakten und Informationsaustausch; Regelung von Besuchskontakten und Vermittlung weiterer Hilfen
- Jugendgerichtshilfe.

Bürgerschaft und Behörde können von einer Sachbearbeitung in einem Amt gleichermaßen Sachlichkeit, Rechtmäßigkeit, Verhältnismäßigkeit, Wirtschaftlichkeit, Freundlichkeit, Verständlichkeit, Nachvollziehbarkeit, Transparenz und Gleichbehandlung erwarten. Auf diesen Erwartungshorizont hin haben die Beschäftigten die Ergebnisse ihrer Arbeit auszurichten.

Für das Personal der Jugendhilfe spezifiziert darüber hinaus § 1 SGB VIII den Erwartungshorizont, zusammen mit den allgemeinen Vorschriften in den §§ 3–10 SGB VIII und den für den ASD spezifischen Sozialleistungen.

4.2.3 Struktur des Berufsalltages

Angesichts solcher Aufgabenfülle (s. Abb. 4) und Erwartungshorizonte, die von außen bestehen, ist es unerlässlich, die tägliche Arbeit zu strukturieren und ein Zeitmanagement zu betreiben. Struktur gibt Halt und ist ein Zeichen der Arbeitsqualität. Die Strukturierung des Arbeitstages und die der Schriftstücke ermöglichen Erfolge bei der Arbeit. Die eigene Zufriedenheit steigt.

Beraten in Fragen der Erziehung, Entwicklung, Partnerschaft, Trennung und Scheidung §§ 16, 17 SGB VIII	**Informieren** über Rechtsfragen, Jugendhilfe- und Sozialleistungen, Dienste und Angebote im Stadtteil § 16 SGB VIII, §§ 14 f. SGB I	**Beteiligen** an Netzwerkarbeit, Stadtteil-, Schul-, Fall- oder Helferkonferenzen, Arbeitskreisen Bezug: § 81 SGB VIII
Unterstützen beim Entwickeln eines einvernehmlichen Konzeptes für die elterliche Sorge § 17 Abs. 1 SGB VIII	**Klären,** ggf. abwenden von Gefährdungsrisiken und Kindeswohlgefährdungen, Schutzauftrag: §§ 8a, 42 SGB VIII	**Initiieren,** gewähren, begleiten, ggf. durchführen, planen von sozialpädagogischen Intensivhilfen §§ 19, 20, 21, 27, 35a u. 41 SGB VIII
Unterstützen beim Herstellen von Kontakten und Informationsfluss, Regeln von Besuchskontakten und ggf. begleiten oder begleiten lassen § 18 Abs. 3 SGB VIII	**Mitwirken** in familiengerichtlichen Verfahren §§ 8a, 50 SGB VIII in Verfahren nach dem Jugendgerichtsgesetz § 52 SGB VIII	**Unterstützen** in Bezug auf die Krisen und das Treffen von Regelungen § 18 Abs. 1 SGB VIII

Abbildung 4: Übersicht über die Aufgaben eines ASD (KSD)[18]

Die routinemäßig strukturierte Aufgabenerledigung verläuft effektiv und effizient. Die unterschiedlichen Anforderungen im Arbeitsalltag gestalten den Durchblick oft schwierig. Viele Aufträge sind zudem zunächst wenig übersichtlich. Wir empfehlen folgendes Vorgehen:

Orientieren

Den Arbeitstag planen und die Arbeit organisieren. Was ist heute am dringlichsten, welche verbindliche Termine stehen an, wie viel Zeit zwischen den einzelnen Terminen brauche ich wofür (z. B. für Regeneration, Nachdenken, Nachlesen, Vorbereiten, Notizen machen usw.)?

18 Die Sozialleistungen sind einfach umrandet, die anderen Aufgaben sind hervorgehoben. Seit dem 01. 01. 2012 besteht ein Anspruch der Personen, die beruflich mit Kindern und Jugendlichen zu tun haben, auf Beratung und Begleitung zum Schutz von Kindern und Jugendlichen gem. § 8b SGB VIII. Wer diese Aufgabe durch insoweit erfahrene Fachkräfte wahrnehmen soll, ist derzeit in der Diskussion. Deswegen wird sie hier als Aufgabe des ASD nicht berücksichtigt, wenngleich das Jugendamt die Leistung sicherzustellen hat.

Immer erst den Überblick zu jedem neuen Einzelfall und zum laufenden Fall verschaffen! Bin ich (noch) zuständig? Was ist meine aktuelle Funktion? Welche Rolle nehme ich überhaupt und gegenwärtig wahr? Nach welchen Regeln muss ich handeln? Sind diese meinen Gesprächspartnern bekannt oder muss ich sie erst oder wieder transparent machen?

Informieren

In welchem Aufgabenfeld des SGB VIII bewege ich mich (Förderung, Hilfe zur Erziehung, andere Aufgaben)? Welche Tätigkeit steht an? Wie ist deren gesetzliche Grundlage? Was schreibt die vor? Welche Zusammenhänge sind wichtig? In welchem Umfang muss ich wann, wem diese Informationen vermitteln?

Sammeln und Analysieren

Welche Leitfragen zur Bearbeitung der Aufgabe muss ich beantworten (z. B. wer, was, wo, mit welchen Mitteln, warum, wann, wie)? Welche Informationen habe ich, welche benötige ich? Von wem kann ich diese Informationen bekommen? Habe ich die notwendigen Entbindungen von der Schweigepflicht oder ist mein Vorgehen durch die Datenschutzbestimmungen gedeckt?

Bewerten

Welche Informationen muss ich für die fachliche Bewertung berücksichtigen? Welche fachliche Bewertung nehme ich in Bezug auf die Vergangenheit und Gegenwart (Anamnese und Befund) für heute (Diagnose) und für die Zukunft (Prognose) vor? Mache ich einen Vorschlag?

Reflektieren

Nehme ich mir genug Zeit zur Selbstreflexion, tausche ich mich mit anderen aus, hole ich mir hinreichend Unterstützung, bilde ich mich fort, lese ich Fachliteratur, nehme ich Supervision, lasse ich Unerwartetes zu?

Unterschiede beachten

Sozialleistungen folgen anderen Regeln als die „anderen Aufgaben". Hilfen zur Erziehung, Eingliederungshilfe und Hilfen für junge Volljährige haben als

Pflichtleistungen der Kommune jeweils andere Bedingungen und Kriterien, die für ihre Gewährung entscheidend sind.

Die Schriftstücke, die zur Anwendung kommen können, werden unterschieden nach

Gattung (Vermerk, Brief, Bericht, Stellungnahme, Protokoll, Vorlage, Gutachten, Vereinbarungen, Auflagen), hinsichtlich ihrer
Auslöser (Telefonat, Antrag, Mitteilung, Beauftragung, Abschätzung eines Gefährdungsrisikos) und damit nach
Aufgabe und Inhalt (Mitteilung, Einladung, Sachverhaltsdarstellung bezogen auf die Lebenswelt mit oder ohne rechtliche und fachliche Wertung) und ihren
Funktionen (Information, Terminmitteilung, Tatsachenermittlungen, Entscheidungsgrundlage, Entscheidungshilfe, Vereinbarung, Auflage).

Bei der Bearbeitung eines Hilfeersuchens, bei der Wahrnehmung unterschiedlicher Aufgaben im ASD, können alle Gattungen der Schriftstücke wiederholt oder in bestimmter Abfolge oder mit wechselnden Inhalten vorkommen, je nach Auslöser oder aktuellem Anlass.

4.3 Der Dienstweg

Der Dienstweg[19] bezeichnet eine in Organisationen geltende Verfahrensregelung, wonach bei der Klärung dienstlicher Angelegenheiten (z. B. von Beschwerden oder Anträgen) eine hierarchische Reihenfolge (von unten nach oben und umgekehrt) eingehalten werden muss, in der die jeweils zuständigen übergeordneten *Vorgesetzten* oder *Dienststellen* als Adressaten angesprochen werden.

Die Verpflichtung zur Einhaltung des Dienstweges ist vorrangig in den organisationseigenen *Allgemeinen Geschäftsanweisungen* (AGA) geregelt. Der Dienstweg ist Bestandteil einer funktionierenden Aufgabenteilung in Organisationen oder zwischen Organisationen. Die Nichteinhaltung des Dienstweges kann als Verfehlung der Mitarbeiterinnen und Mitarbeiter geahndet werden.

19 Synonyme: Amtsweg, Behördenweg, Geschäftsgang, Instanzenweg; Antonyme: informelle Absprache, direkter, kleiner Dienstweg, unbürokratisch.

Die Kenntnis und Einhaltung des Dienstwegs fördert die Transparenz von Verfahren und Entscheidungen. Mit den jeweiligen Stufen eines Dienstweges sind Kompetenzzuweisungen (Entscheidungsbefugnisse) verbunden. Die formelle Rechtmäßigkeit von Verwaltungshandlungen ist über den Dienstweg gewahrt. Die inhaltliche und zeitliche Nähe zur Sache oder zum laufenden Prozess ist allerdings durch die Einhaltung des Dienstweges längst nicht immer gegeben. Kritisch veranschaulicht wird diese Problematik unter der in der Praxis verbreiteten Ironie: „Will man Käse, muss man Milch auf dem Dienstweg verschicken." Eine Planung von Vorgängen (von der Dienstreise bis zum Projekt) sollte daher rechtzeitig auf dem Dienstweg (a. d. D.) erfolgen, damit eine wichtige Bedingung zur ihrer Einlösung erfüllt ist.

Über den Dienstweg soll ferner sichergestellt werden, dass sich in Angelegenheiten der Organisation nur die befugte Stelle an Dritte außerhalb der Organisation wendet, Inhalte nur autorisiert weitergegeben werden. Gerade für Organisationen, die durch politische Gremien gelenkt werden, wie es bei Kommunen der Fall ist, spielt das eine wichtige Rolle. Der Sachbearbeitung in einem Jugendamt beispielsweise ist es untersagt, sich ohne Genehmigung in einer dienstlichen Angelegenheit an ein Mitglied des Rates, des Kinder- und Jugendhilfeausschusses, Fraktionen oder Parteien sowie der Presse zu wenden und sich ihnen gegenüber zu äußern. Eine vorgesetzte Stelle kann auch Einwände einer untergeordneten Stelle beiseite schieben und ein bestimmtes Vorgehen anordnen.

Speziell die Jugendämter sind jüngst wegen ihrer Vorgehensweisen in Kinderschutzfällen heftiger Kritik und umfangreichen Untersuchungen ausgesetzt gewesen. Die Kritik greift an, was Untersuchungen oft bestätigen: Über den Dienstweg wird Verantwortung weiter geschoben statt sich ihr zu stellen, was wohl in beide Richtungen erfolgt.[20]

20 So schreibt die Süddeutsche Zeitung am 5. Juni 2008: „Ein Prozess, der die bereits in einem Parlamentarischen Untersuchungsausschuss festgestellte unglaubliche Fehlerkette in Bremen auch noch einmal juristisch beweisen würde, könnte ein Signal sein für die Jugendämter in der Republik: Wenn jeder Einzelne seine Verantwortung wahrnimmt, kann so etwas kaum passieren. Wenn aber alle die Verantwortung auf dem Dienstweg weiter schieben, ist kein Kind sicher. Mit einem Restrisiko leben zu müssen, weil Situationen immer im Verborgenen eskalieren können, ist schlimm genug. Ein von Behörden quasi organisiertes Grundrisiko ist unerträglich. ‚Kevin II' kann der Öffentlichkeit klarmachen, wie es wirklich in deutschen Jugendämtern zugeht. Das Versagen der Gesellschaft beim Schutz dieses Jungen lässt sich nur halbwegs wieder gutmachen, wenn es sich nicht aus den gleichen Gründen wiederholen kann" (Wiegand, R.: Gefahr auf dem Dienstweg. Kevins Stiefvater ist verurteilt, aber das genauso wichtige Verfahren gegen zwei Sozialarbeiter stockt).

Wo der Dienstweg beginnt, ist den Beteiligten deutlich – beim nächsten Vorgesetzten. Wo er aufhört, ist von Organisation zu Organisation und von Sachverhalt zu Sachverhalt unterschiedlich und meistens in der *Allgemeinen Geschäftsanweisung (AGA)* geregelt. Der Dienstweg gilt für alle Angelegenheiten, die jemand innerhalb der Organisation auf den Weg bringt: Anträge auf Dienstreisen, Eingruppierung, Stellenbewertung oder Beförderung, Abrechnungen von Fahrtkosten oder Spesen, Urlaubsanträge, für Bewerbungen ebenso wie für die Bearbeitung einer Dienstaufsichtsbeschwerde. In Bezug auf die aufgabenbezogenen Angelegenheiten können darüber hinaus spezielle Richtlinien regeln, wie und über welchen Stellen andere zu informieren sind. Mit dem Organigramm vor Augen wird deutlich, worum es geht: In großen Jugendämtern kann die Amtsleitung per AGA zuständig sein z. B. für die Genehmigung von Dienstreisen, für Abrechnungen oder das Beschwerdemanagement. In kleineren Kommunen kann dafür das Büro der Bürgermeisterin zuständig sein. Bei Hilfen zur Erziehung oder bei Sorgerechtsverfahren müssen die jeweiligen Sachbearbeitungen im ASD, im Pflegekinderdienst oder in der Vormundschaft sich nicht über den Dienstweg, sprich jeweils über ihre Vorgesetzten, informieren. Hier gelten Verfahren, die in Richtlinien oder speziellen Dienstanweisungen festgelegt sind; sie können u. a. Entscheidungsteams und kollegiale Beratungen vorsehen. Allenfalls in Konfliktfällen wenden sie sich an ihre jeweiligen Vorgesetzten.

Die folgende Übersicht gibt beispielhaft Anhaltspunkte in Bezug auf häufig vorkommende Angelegenheiten, in welchen der Dienstweg (a. d. D.) einzuhalten und in welchen der direkte Weg (von Sachbearbeitung zur Sachbearbeitung) zu nehmen ist:

Angelegenheit	Dienstweg (a. d. D.)	Direkter Weg
Antrag auf Dienstreise	X	
Abrechnung der Reisekosten		X
Antrag auf Fortbildung, Urlaub	X	
Beihilfeantrag		X
Vorlagen für Entscheidungsteams		X
Berichte oder Protokolle von Teams zur Leistungsgewährung für Bürgerinnen und Bürger	X	
Vorlagen für die politischen Ausschüsse	X	
Bearbeitung einer Dienstaufsichtsbeschwerde	X	

Angelegenheit	Dienstweg (a. d. D.)	Direkter Weg
Bewerbung in der Organisation	X	
Beschaffung größer Wirtschaftsgüter (Büromöbel)	X	
Beantwortung von Anfragen der Presse oder anderer	X	
Nachweise über Einnahmen aus Nebentätigkeiten	X	

Abbildung 5: Regelungen für Dienstwege

Da es sich jeweils um Dienstgeschäfte handelt, werden Schreiben – außer wenn es um eine persönliche Angelegenheit von Beschäftigten geht – nicht von Personen an Personen, sondern von Stellen an Stellen gesandt. Dies macht sich formal im papiernen Schriftverkehr darin bemerkbar, dass ein Schreiben folgendermaßen aussieht:

51-512-1-2 *[ABSENDERSTELLE]* Datum/Telefon

51-510 *[ADRESSE – STELLE]*

a. d. D. *[(INSTANZEN-)WEG]*

Ersatzbeschaffung eines Aktencontainers *[BETREFF]*

Der Aktencontainer mit der Inventarnummer 0909090 ist irreparabel. Es wird darum gebeten, dass … *[INHALT]*

i. A. *[ZEICHNUNGSBEFUGNIS]*

[UNTERSCHRIFT]

Fleißig *[NAME des/der VERFASSERIN]*
Diplom-Sozialarbeiterin *[BERUFSBEZEICHNUNG]*[21]
Sozialamtfrau *[DIENSTBEZEICHNUNG]*

Abbildung 6: Beispiel für innerbehördlichen Schriftverkehr auf dem Dienstweg

21 Wann Berufs- und Dienstbezeichnung anzugeben sind, regeln Dienst- und Geschäftsanweisungen.

Die *Sicht- und Genehmigungsvermerke* (jeweils in besonderen, ihnen zugeordneten Farben, weswegen andere diese Farben nicht benutzen dürfen) werden von den Vorgesetzten mit Datum und Handzeichen meistens im oberen rechten Teil eines Schreibens angebracht.

Bei Vorlagen für die politischen Ausschüsse werden häufig Formblätter verwendet, die Felder für die Mitzeichnung der relevanten Stellen (Amtsleiter, Dezernent, Oberbürgermeisterin) vorsehen.[22]

Die Arbeitsplatz- oder Stellenbeschreibung ist so ein Formblatt, das auf den Dienstweg gebracht werden muss. Aus den Beschreibungen ergeben sich

- die „geschuldete Arbeitsleistung“ (was zu tun ist) an dem konkreten Arbeitsplatz bzw. auf dieser Stelle,
- die Anforderungen, die jede Person an diesem Arbeitsplatz erbringen muss,
- die Erkenntnis, dass die Arbeit im ASD nur mit umfangreicher Dokumentation über die Zeit zu verantworten ist,
- die Informationsflut,
- in welchen dienstlichen Beziehungen und in welchen sachlichen Zusammenhängen Schriftsätze notwendig werden können,
- das Entgelt (Was wird für die Arbeit bezahlt?), die Besoldung bzw. der Status,
- die Erwartungen für die Stellenausschreibungen (Welche Ausbildung und Zusatzqualifikation muss jemand haben oder erwerben?),
- Inhalte und Umfang von Einarbeitungen (Womit muss jemand vertraut gemacht werden?),
- eine Garantenpflicht[23] (die ein tarifliches Merkmal für eine Entgeltgruppe nach dem Tarifvertrag für den Öffentlichen Dienst, TVöD ist).[24]

---

22 Weitere Infos zum Dienstweg unter den angegebenen Links bzw. Hinweisen, die auch die Probleme und Möglichkeiten von E-Government (elektronisches Rathaus) berücksichtigen: vgl. Krems, B. 2000; zur Sicherung und Weitergabe des Wissens beim Stellenwechsel vgl. Dragusanu, G. 2006.

23 Zur Garantenpflicht siehe Glossar

24 Nach längerem Streit über die Auslegung der Tarifnorm zu der Entgeltgruppe S 14 im Spezialtarifvertrag des TVöD für den Sozial- und Erziehungsdienst haben die Tarifvertragsparteien Anfang 2011 sich auf folgende Protokollnotiz geeinigt:
„Das ‚Treffen von Entscheidungen zur Vermeidung der Gefährdung des Kindeswohls und die Einleitung von Maßnahmen in Zusammenarbeit mit dem Familiengericht bzw. Vormundschaftsgericht, welche zur Gefahrenabwehr erforderlich sind', sind im Allgemeinen Sozialen Dienst bei Tätigkeiten im Rahmen der Fallverantwortung bei
Hilfen zur Erziehung nach § 27 SGB VIII,
der Hilfeplanung nach § 36 SGB VIII,
der Inobhutnahme von Kindern und Jugendlichen (§ 42 SGB VIII),
der Mitwirkung in Verfahren vor den Familiengerichten (§ 50 SGB VIII)
einschließlich der damit in Zusammenhang stehenden Tatigkeiten erfüllt. ...“

4.4 Arbeitsplatzbeschreibung im ASD – Ein Beispiel[25]

Familienname, Vorname, Geburtsdatum **Fleißig, Regine**			Funktionsbezeichnung SB – Einzelhilfen	
Amt (Org. Ziff)	Abteilung (Bezeichnung)	Sachgebiet (Bezeichnung)	Stellen-Nr.	BesGr./VergGr.
51	**512 – Einzelhilfen**	**ASD – Team Vorort**		EG 9, S 14

1. Arbeitsbeschreibung

Die Kommune ist Träger der öffentlichen Jugendhilfe.

Die Organisation der Jugendhilfe bleibt der Kommune nach den Vorgaben des SGB VIII und dem jeweiligen Jugendamt vorbehalten.

Als Träger der öffentlichen Jugendhilfe hat sie die Organisation und die Wahrnehmung der Aufgaben des staatlichen Wächteramtes und damit des Kinderschutzes der Abteilung Einzelhilfen des Jugendamtes, dem ASD, übertragen.

Bei der *Organisationsumsetzung* ist der Gedanke „Hilfen aus einer Hand", d. h. Hilfen die in einem Sinnzusammenhang stehen, so zu gestalten, dass sie in der Verantwortung einer Organisationseinheit mit den jeweiligen Fachkräften liegen, umgesetzt worden.

Innerhalb des Jugendamtes ist die Aufgabe des Kinderschutzes mit der Abklärung von Gefährdungsrisiken und dem Abwenden von Kindeswohlgefährdungen nach § 8a SGB VIII der Organisationseinheit „Einzelhilfen" (Bezirkssozialarbeit, ASD) übertragen. Die überwiegende Tätigkeit der Einzelhilfen des Jugendamtes dieser Kommune – nicht unbedingt vergleichbar mit anderen Kommunen – besteht im Wesentlichen aus dieser Tätigkeit. Daraus ergibt sich die Garantenpflicht der Sachbearbeitung „Einzelhilfen".

In der Kommune gibt es keine andere Stelle, die mit den Aufgaben der Abklärung und Abwendung von Kindeswohlgefährdungen, einschließlich der Inobhutnahme, entsprechend der Fachanweisung und den Empfehlungen befasst ist. Sowohl innerhalb der Kommune als auch in der Jugendhilfe laufen alle Anfragen und Aufträge, die sich mit den Abklärungen von Kindeswohlgefährdungen befassen, dort zusammen. Nur diese Stelle im Jugendamt arbeitet in diesem Zusammenhang mit den Familiengerichten zusammen.

Die Zusammenarbeit mit dem Familiengericht über eine Verfahrensbeteiligung gem. FamFG erfolgt unmittelbar bei Fragen der elterlichen Sorge und Umgangsregelungen sowie insbesondere bei den Mitteilungen gem. § 8a SGB VIII, wenn Personensorgeberechtigte bei der Abklärung oder Abwendung von Gefährdungsrisiken für das Wohl von Kindern nicht mitwirken. Nur die Mitarbeiterinnen und Mitarbeiter im ASD der Abteilung Einzelhilfen sind im Rahmen dieser Garantenstellung zuständig für die Inobhutnahme nach § 42 SGB VIII und geschlossene Unterbringung nach § 1631b BGB im Rahmen der unmittelbaren Gefahrenabwehr und für weitere Aufgaben wie die Unterstützung von Gericht oder Personensorgeberechtigten bei der Herausgabe eines Kindes.

Darüber hinaus ist der ASD alleinzuständig für Einleitung, Gewährung und Hilfeplanung von Sozialleistungen wie Hilfen zur Erziehung, Hilfen für seelisch behinderte junge Men-

25 Aufgrund der Organisationshoheit der Kommunen kann diese Arbeitsplatzbeschreibung nur beispielhaft sein. Die Kommunen können den ASD – vor dem Hintergrund politischer oder örtlicher Gegebenheiten – durchaus anders organisieren.

schen und junge Volljährige, für Hilfen in Notsituationen und Hilfen für Mutter und Kind sowie Beratungen in Fragen der Erziehung, Trennung und Scheidung und Ausgestaltung von Umgangskontakten.

Die Tätigkeiten der SB im ASD werden initiiert, wenn eine dem Wohl des Kindes oder Jugendlichen entsprechende Erziehung durch die Personensorgeberechtigten nicht gewährleistet ist und die Hilfe für die Entwicklung der Minderjährigen geeignet und notwendig ist. In jedem Fall besteht die Verpflichtung, eine Kindeswohlgefährdung auszuschließen oder, wenn festgestellt, abzuwenden. Dazu sind geeignete Maßnahmen zu ergreifen, die in Zusammenarbeit mit dem Familiengericht in Einzelfällen zu Beschlüssen, Auflagen oder Vergleichen führen können.

Weiter ist es Aufgabe der Mitarbeiterinnen und Mitarbeiter im ASD, die Abwendung von Kindeswohlgefährdungen durch Leistungen der Jugendhilfe und Dritter zu erreichen.

Bei allen Leistungen ist im Einzelfall die Zusammenarbeit mit dem Familiengericht, auch über Jahre, weiter geboten.

Die jeweiligen Sozialleistungen und familiengerichtlichen Maßnahmen sind über Jahre, in vielen Fällen bis zur Volljährigkeit und ggfs. darüber hinaus, zu begleiten.

Bei den meisten Hilfen für junge Volljährige (Ausnahme, es sei eine Betreuung über das Familiengericht mit der Volljährigkeit eingeleitet) werden die Hilfen im Rahmen der Hilfeplanung ohne Beteiligung des Gerichtes geführt.

Die Fälle im Zusammenhang von 8a SGB VIII bzw. nach FamFG sind besonders arbeits- und zeitintensiv und umfassen die wesentlichen Tätigkeit der Fachkräfte im ASD.

Zum Aufkommen und zu den zeitlichen Anteilen von Leistungen und Aufgaben
80 % der Fälle im Rahmen von Hilfen zur Erziehung, Notsituationen und Hilfen für Mutter und Kind sowie Hilfen für seelisch Behinderte stehen im unmittelbaren Zusammenhang mit dem Schutzauftrag bei Kindeswohlgefährdung und damit auch im Zusammenhang mit Verfahren vor dem Familiengericht – eingeleitet, abgeschlossen oder optional.

Der Arbeitsaufwand für diese Fälle entspricht einem zeitlichen Anteil von mindestens 65 % der Gesamtarbeitszeit.

10 % des weiteren Fallaufkommens sind unmittelbar im Rahmen von Einschätzungen nach § 8a Abs. 1 SGB VIII entsprechend der Fachanweisung im ASD abzuwickeln. Abklärungen sind ferner notwendig im Rahmen der LIGA-Mitteilungen[26] zu nicht durchgeführten Vorsorgeuntersuchungen, von Mitteilungen über häusliche Gewalt, Leistungskürzungen des JOB-Centers, von Ärzten, Krankenhäusern, Schulen entsprechend der Fachdienstanweisung.

Dies erfolgt mit einem Zeitanteil von ca. 5 %.

Den Schutzauftrag zu beachten, trifft auch auf die Fälle bei Trennung/Scheidung und Umgangsregelungen zu, wenn Personensorgeberechtigte in dieser Streit- und Krisensituation nicht in der Lage sind, dem Kindeswohl entsprechend zu handeln, so dass auch hier Gefährdungsrisiken in Zusammenarbeit mit dem Familiengericht abzuwägen und abzuwenden sind.

Hierfür ist nochmals ein Zeitaufwand von ca. 5 % aufzuwenden.

Der § 8a SGB VIII (Schutzauftrag bei Kindeswohlgefährdung) verpflichtet die Sachbearbeitung im ASD, im Gegensatz zu allen anderen Beschäftigten in der Jugendhilfe, in jedem Einzelfall im Rahmen ihrer Garantenstellung zu prüfen, ob eine Anrufung des Gerichtes notwendig ist oder nicht. In diesen Fällen ist der Zeitaufwand – aber auch die persönliche Verantwortung – besonders intensiv.

26 LIGA: Landesinstitut für gesundheitliche Aufklärung in NRW.

Aufgaben im Einzelnen

Die Tätigkeiten der SB, das Erheben, Verarbeiten und Weitergeben von Informationen erfolgen im kombinierten Innen- und Außendienst.

Die Tätigkeiten fallen an im Rahmen der Gewährung von Sozialleistungen, von anderen Aufgaben nach dem SGB VIII oder aufgrund weiterer einzelner Normen. Dies sind:

Sozialleistungen der Jugendhilfe nach dem SGB VIII anbieten und durchführen, steuern und prüfen:

- Beratung von Kindern in Not- und Konfliktlagen, § 8 SGB VIII
- Allgemeine Förderung der Erziehung in der Familie, § 16 SGB VIII
- Beratung in Fragen der Partnerschaft, Trennung und Scheidung, § 17 SGB VIII, Beratung und Unterstützung bei der Ausübung der Personensorge, Hilfestellung bei der Ausführung von Umgangsregelungen, § 18 SGB VIII
- Unterbringung, Vermittlung von stationären und ambulanten Hilfen für Väter/Mütter mit Kind, §§ 19–21 SGB VIII
- Hilfe zur Erziehung, § 27 i. V. m. §§ 28ff bis 35 SGB VIII
- Hilfeplanung, § 36ff SGB VIII
- Mitwirkung bei der Ausübung der Personensorge, § 38 SGB VIII
- Hilfe für junge Volljährige, Nachbetreuung, § 41 SGB VIII
- Hilfen nach § 35a SGB VIII

Andere Aufgaben der Jugendhilfe wahrnehmen:

- Inobhutnahme von Kindern und Jugendlichen, § 42 SGB VIII
- Beratung von Einzelpflegern und Einzelvormündern für Kinder und Jugendliche gem. § 53 SGB VIII
- Mitwirkung in Verfahren vor den Familiengerichten gem. § 50 SGB VIII, Abs. 1 Ziffern 1, 4, 5, und Abs. 2 mit:

Anhörung und Verfahrensbeteiligung als Vertreter des Jugendamtes in Fällen der §§ 162 (Kindschaftssachen), 204 (Wohnungszuweisungssachen), 212 (Gewaltschutzsachen) FamFG. Zu den Kindschaftssachen (§§ 151–167 FamFG) gehören die Verfahren zur Regelung der

- Elterlichen Sorge gem. §§ 1671, 1672 BGB
- Unterbringung, die mit Freiheitsentziehung verbunden ist,
- § 1631 b BGB
- Herausgabe des Kindes, Bestimmung des Umgangs, Wegnahme von der Pflegeperson, § 1632 BGB
- Umgangsregelung, § 1634 BGB
- Gefährdung des Kindeswohls, §§ 1666ff BGB
- Ruhen der elterlichen Sorge, § 1678 II BGB
- Entziehung der elterlichen Sorge, § 1980 BGB
- Elterliche Sorge nach dem Tod eines Elternteils, § 1681 BGB
- Übertragung von Angelegenheit der elterlichen Sorge auf die Pflegeperson gem. § 1630 II BGB
- Auswahl und Vorschlag von Einzelpflegern und Einzelvormündern, § 1779 BGB
- Unterstützung bei der Vollstreckung (Herausnahme von Kindern) gem. § 88, Abs. 2 FamFG

Ehelicherklärung, § 1723 BGB
Befreiung vom Hindernis der Ehemündigkeit, § 1 EheG
Ersetzung der Einwilligung zur Ehe, § 3 EheG
Beteiligung bei Schulpflichtverletzungen, §§ 1 und 8a SGB VIII, § 5 Abs. 2 SchG NRW

Einbenennung, Namensänderung gem. BGB, NamÄG Bearbeitung von Amtshilfeersuchen gem. SGB, SGB VIII Kollegiale Teamberatung bei Einzel- oder Grundsatzproblemen Sonstiges: Praktikantenausbildung Fortbildung und Praxisberatung, § 72 SGB VIII Fortlaufende Erarbeitung und Realisierung von Gesetzesänderungen, -neufassungen, Rechtsprechungen, Verordnungen usw. Durcharbeitung aktueller Fachliteratur Teilnahme an Dienstbesprechungen Mitwirkung in thematischen Arbeitsgruppen Jugendhilfestatistik erheben gem. SGB VIII Netzwerkarbeit, z. B. Teilnahme an Stadtbezirkskonferenzen, Helferkonferenzen, Arbeitskreisen

Aus der Zusammenschau von zugewiesenen gesetzlichen Aufgaben (geschuldete Arbeitsleistung), dem tatsächlichen Aufkommen der Arbeit in der Sachbearbeitung und dem Tarifvertrag ergeben sich dem nach folgende Arbeitsvorgänge:

Lfd. Nr.	Verzeichniss der wesentlichen Tätigkeiten (Was wird getan?) Arbeitsvorgänge	Zeitanteil in %
1	Abklärung und Abwendung von Kindeswohlgefährdungen im Rahmen der Garantenstellung. Im Rahmen der Arbeitsvorgänge 1 werden Entscheidungen zur Vermeidung der Gefährdung des Kindeswohls getroffen und in Zusammenarbeit mit dem Familiengericht Maßnahmen eingeleitet, die zur Gefahrenabwehr erforderlich sind.	75 %
2	Unterstützung von Eltern, Personensorgeberechtigten, Minderjährigen, Großeltern, Stiefeltern und jungen Volljährigen zur Abwendung von Entwicklungsgefährdungen und Überwindung von Krisen. Die Beteiligten werden unterstützt, im Rahmen eines Beratungsprozesses und/oder eines Verfahrens vor dem Familiengericht oder durch sozialpädagogische Intensivhilfen Lösungen nach eigenen Vorstellungen zu finden, die am Wohl des Kindes orientiert sind.	18 %
3	Netzwerk- und Feldarbeit (u. a. Mitarbeit in Helferkonferenzen, Plan B, Arbeitskreisen)	3 %
4	Sonstiges (Praktikantenanleitung, Statistik, Teambildung, LOB[27]– leistungsorientierte Bezahlung u. a. m)	4 %

27 LOB: Leistungs- und/oder erfolgsorientierte Bezahlung (nach § 18 TVöD können die Beschäftigten einen Teil ihres Entgelts durch Erreichen von individuellen oder gruppenbezogenen Vereinbarungen erzielen).

2. Dienstliche Beziehungen

Nr. der Tätigkeiten	Zu welchen Stellen/Personen (Gesprächspartnern) bestehen im Wesentlichen dienstliche Beziehungen? Um welche erläuterungsbedürftige, strittige Themen oder Zielsetzungen geht es dabei?
1 und 2	Insbesondere bei den *Sozialleistungen*: Familien und Einzelpersonen, Eineltern-, Stiefeltern- und Pflegefamilien, Kindergärten etc. Schulen, Erziehungsberatungsstellen, Krankenhäusern, zum Kommunalen JobCenter, zu Ärzten, Therapeuten und Krankenhausdienste, insbesondere aus Kinderkliniken, Jugendpsychiatrien und Erwachsenenpsychiatrien sowie Praxen, zum Arbeitsamt, zu Kirchen, Arbeitgebern, zu sonstigen verschiedenen Ämtern und Einrichtungen, ambulanten und stationären Jugendhilfeeinrichtungen, zum Landesjugendamt, zur Polizei, Staatsanwaltschaft und zum Strafgericht, zu Anwälten, freien Trägern der Jugendhilfe, zum RVO-Träger, zur LWL-Versorgungskasse, zum LIGA, zu anderen Sachgebieten und Abteilungen im Jugendamt Insbesondere bei der Mitwirkung in *Kindschaftssachen*: Zu Eltern, Personensorgeberechtigten, Kindern, anderen Jugendämtern, freien Trägern der Jugendhilfe, zum Amtsgericht als Familiengericht, Oberlandesgericht, zu Rechtsanwälten, Gutachtern, zur Staatsanwaltschaft, zu anderen Sachgebieten und Abteilungen im Jugendamt, zum Sozialamt, zu verschieden anderen Stellen, Ämtern und Institutionen Insbesondere bei *Schulpflichtverletzungen*: Zu Schülern, Eltern, Sorgeberechtigten, Schulen, zum Schulverwaltungsamt, schulpsychologischen Dienst, Ordnungsamt, zu Ärzten, Jugendzentren, freien Trägern, zum Familiengericht Darüber hinaus zu: Ausländeramt, Verwaltungsgerichten, Sozialdiensten für ausländische Bürger, Dolmetschern, Botschaften, Polizei Einwohnermeldeamt, Standesamt, Amtspfleger Freien Vereinigungen der Jugendhilfe oder sonstigen Institutionen Verschiedenen Ämtern und Behörden des In- und Auslandes
3	Zu Politikern und Fachleuten im Stadtteil, Kolleginnen und Kollegen aus Verwaltung und von freien Trägern Bürgerinnen und Bürgern, die sich ehrenamtlich engagieren
4	Zum Landesjugendamt, Statistischen Landesamt, zu ähnlichen Ämtern und Institutionen Praktikanten, Fachhochschulen, Verwaltungsstelle im Jugendamt Fortbildungsinstitute, Supervisoren

<table>
<tr>
<td>1 und 2</td>
<td>
Erläuterungsbedürftige, strittige Themen und Zielsetzungen, Garantenstellung und die daraus resultierenden Anforderungen:
Die Sozialarbeiterin/der Sozialarbeiter im ASD hat in jedem Einzelfall eine Garantenstellung, die sie/er im Auftrag des Amtes wahrnimmt, in der sie/er aber persönlich auch bei Versagen oder Fehlverhalten Dritter, nämlich von Eltern oder Personensorgeberechtigten, ins Visier der strafrechtlichen Ermittlungen kommen kann. Es ist in jedem Einzelfall wiederkehrend, kontinuierlich zu beurteilen, ob eine Kindeswohlgefährdung vorliegt, mit welchen Mitteln und Hilfen diese abgewendet werden kann und ob das Familiengericht einzuschalten ist.
Die Abklärung und das Abwenden von Gefährdungsrisiken sowie von Kindeswohlgefährdungen und die notwendige Zusammenarbeit mit dem Familiengericht ist organisatorisch allein dem ASD und der jeweiligen Sachberaterin/dem jeweiligen Sachbearbeiter zugeordnet, unabhängig davon, wer im Rahmen der Standards sonst noch zu beteiligen ist. Alle anderen Dienste und Einrichtungen sollen sich, wenn sie nicht mehr weiter wissen, an die SB im ASD wenden.
Grundsätzlich ist der Umstand besonders erläuterungsbedürftig, dass die Arbeit der Sozialarbeiter und Sozialarbeiterinnen im ASD im Gegensatz zu anderen Institutionen, Dienstleistungen oder Aufgaben zum Teil direkt in den Lebensraum der Familie hineinwirkt, darin eingreift oder diesen verändert.
Die sozialarbeiterische Intervention beeinflusst Grundeinstellungen, Grundwerte, eventuell die Ausübung von Grundrechten, möglicherweise die Konstellation und ggf. das Bestehen der Familie sowie die Beziehung der Familienmitglieder untereinander und zur Außenwelt.
Familie wird grundrechtlich und gesellschaftspolitisch allgemein als der am besten geschützte Lebensbereich verstanden.
Daher ist die Arbeit im ASD besonders sensibel und verlangt umfangreiches interdisziplinäres und spezifisches Wissen. Bei der Zielsetzung der Arbeit spielen außerdem folgende gegenläufige Komponenten eine wesentliche Rolle:
<ul>
<li>die spezifischen Lebensbedingungen und Wertvorstellungen der Familie als Ganzes und die ihrer einzelnen Mitglieder, die sich bereits im Ungleichgewicht, in der Krise befinden und unter hohem Zeitdruck stehen, wenn der/die Sachbearbeiter/Sachbearbeiterinnen seine/ihre Arbeit aufnimmt;</li>
<li>die Wertvorstellungen der einzelnen Sachbearbeiter/Sachbearbeiterinnen, der Familien und anderer beteiligter Personen und Institutionen unterscheiden sich im Wesen durch die individuelle Sozialisation und das Rollenverständnis, was besondere Anforderung an das Kommunikationsverhalten stellt;</li>
<li>die individuelle Ausgestaltung von Hilfen im Einzelfall ist nicht nur durch die Gesetze vorgeschrieben, sondern wird auch durch Entscheidungen von Gerichten weiter zugespitzt, was zu neuen Projekten im Rahmen der Sozialleistungen führt und Pionierarbeit verlangt;</li>
<li>idealtypisch sollte sich die jeweilige Zielvorstellung an den vom gesellschaftlichen Konsens getragenen Normen orientieren, die in der Regel nicht deckungsgleich mit denen der beteiligten Personen sind, die sich auf Grundrechte berufen können.</li>
</ul>
</td>
</tr>
</table>

	Das sozialarbeiterische Handeln im ASD hat für den Einzelnen, für die Familie insgesamt und die Gesellschaft weitreichende und langfristig sozial und wirtschaftlich wirksame Folgen. Aus diesen Gründen haben das Fachwissen und die Persönlichkeit der Sozialarbeiterin/des Sozialarbeiters eine entscheidende Bedeutung. Das wiederum verlangt ständige Fortbildung, Praxisberatung und Supervision. Im konkreten Einzelfall sind die erforderlichen fachlichen Entscheidungen z. B. bei Mutter-/Vater-Kind-Hilfen nach § 19 SGB VIII, den Hilfen nach §§ 27 SGB VIII ff jeweils auch unter Berücksichtigung der Erfordernisse in dem anderen Bereich (z. B. Mitwirkung gem. § 50 SGB VIII) zu treffen, um zu einem schlüssigen Gesamtkonzept zu kommen. Die Wahrnehmung der unterschiedlich strukturierten Aufgaben (Beratung, Steuerung, Mitwirkung) durch die Sachbearbeitung gegenüber Klientinnen und Klienten stellen darüber hinaus besondere Anforderungen an die Gestaltung der persönlichen Beziehungen zu den Beteiligten. Eine besondere Anforderung wird zusätzlich an die Mitarbeiterinnen und Mitarbeiter im ASD dadurch gestellt, dass sie wegen der Aufgabenbündelung im Sachgebiet eine besondere Fähigkeit zur Bewältigung des ständigen Belastungswechsels mitbringen müssen, damit die Erfüllung der einen Aufgabe nicht durch die Aufgaben bezogenen Belastungen der anderen Aufgabe blockiert wird. Das Aufgabenspektrum erfordert zudem eine ständige Änderung der Zeitplanung und neue Priorisierung der anstehenden Aufgaben.
3. Handlungsspielraum	
Nr. der Tätigkeiten	Bei welchen Arbeiten ist der Handlungsspielraum am größten?
1 und 2	Bezüglich der *Sozialleistungen* gilt insbesondere: Hilfen nach dem SGB VIII, Beratung, Leistungsgewährung, sowohl inhaltlich als auch bzgl. der Rahmenbedingungen (methodische Vorgehensweise, einschließlich Orts- und Zeitbestimmung), des Ziels und des Ergebnisses, das beinhaltet auch, Aufgaben aus eigenem Antrieb aufzugreifen und Entwicklungen in Gang zu setzen, wobei die genannten Aufgaben auch ganz allgemein, nicht definiert vorgegeben sind. Bezüglich der *Mitwirkung* gilt insbesondere: Berichte und gutachtliche Stellungnahmen für das Familiengericht in allen Gerichtsinstanzen verlangen umfassende Gedankenarbeit und Recherchen. Diese Aufgabenerfüllung ist teils durch Vorgaben bestimmt (unbestimmte Rechtsbegriffe, z. B. „Mitwirkung", „Wohl des Kindes", Vorgaben/Anordnungen des Gerichts). Die Interpretation und der Umgang mit diesen Vorgaben als Hauptteil der Arbeit erfolgt einzelfallbezogen und hängt weitgehend von der Handlungskompetenz der/des einzelnen Sachbearbeiterin/Sozialarbeiters ab (*s. 2. Dienstliche Beziehungen*).

	Charakteristisch für alle Tätigkeiten ist, dass die/der einzelne Sachbearbeiterin/Sachbearbeiter, von Ausnahmen abgesehen, eigenverantwortlich den Einsatz seiner Arbeitskraft und Ressourcen bestimmt (Zeit, Anzahl und Grad der Beteiligung von Personen und Institutionen, Ausmaß von Neuerwerb des einzelfallbezogenen Fachwissens, Art des methodischen Vorgehens, Art und Umfang der Weitergabe von Informationen).
4. Leitungs- und Aufsichtsbereich	
4.1 Welche Mitarbeiter sind dem Stelleninhaber unmittelbar unterstellt (Zahl/Funktion)?	
1–2 Hilfedurchführende Fachkräfte der Jugendhilfe, die vom Jugendamt beauftragt wurden.	
4 Praktikanten/Praktikantinnen	
4.2 Wie viele Mitarbeiter sind dem Stelleninhaber insgesamt unterstellt?	
Keine	
5. Reichweite und Auswirkung des Arbeitsverhaltens	
Auf wen wirkt sich das Arbeitsverhalten hauptsächlich aus?	
Nr. der Tätigkeiten	Aufzählung der Bereiche oder Personenkreise – ohne Leitungs- und Aufsichtsbereich –, auf die sich das Arbeitsverhalten in der Regel auswirkt.
1 und 2	Das Vorgehen seiner Beschäftigten im Rahmen des Schutzauftrages zur Sicherung des Kindeswohls hat dann erhebliche Auswirkungen auf die Öffentlichkeit, wenn tatsächliche oder vermeintliche Fehler von Betroffenen oder Beteiligten bekannt gemacht werden. Große Auswirkungen hat das Arbeitsverhalten auf Familien, Eltern, Kinder und Jugendliche, mitunter bis in den Bereich der Grundrechte (*s. Ausführungen zu 2. Dienstliche Beziehungen*). Das Arbeitsverhalten bezieht sich i. d. R. auf einen kleinen, nicht immer gleichbleibenden, vorweg nicht bestimmbaren Kreis von Personen, Institutionen und Ämtern, und wirkt sich auf diese aus. Familien, Kinder und deren Eltern in Fragen der Erziehung, Erzieher/Erzieherinnen in den verschiedenen Einrichtungen, Lehrer/Lehrerinnen, Psychologen/Psychologinnen, Fachärzte/Fachärztinnen in der Psychiatrie, Sachbearbeiter/Sachbearbeiterinnen in verschiedenen Sachgebieten, Ämtern und Einrichtungen, Öffentlichkeit (mindestens Nachbarschaft). Familiengericht, Richter/Richterinnen, Eltern, Sorgeberechtigte, Kinder psychologische Gutachter/Gutachterinnen, Rechtsanwälte/Rechtsanwältinnen, sonstige pädagogische Fachkräfte Hilfesuchende, andere Ämter und Institutionen Schüler, Eltern, Schule, Schulamt, Ordnungsamt, schulpsychologischer Dienst, Ärzte Ausländeramt, Verwaltungsgericht, Anwälte, Fallbearbeitung der Fachkräfte der freien Jugendhilfe
4	Selbst, eigene Familie bei Fortbildung und Supervision

6. Organisatorische Anbindung/Vertretung
6.1 Wem ist der Stelleninhaber unmittelbar unterstellt?
Organisatorisch angebunden im Regionalteam ASD der Abteilung „Einzelhilfen", unterstellt der Sachgebietsleitung
6.2 Wer wird durch den Stelleninhaber vertreten (insbesondere geschäftsordnungsmäßige Vertretung eines Vorgesetzten)?
Jeweils eine konkret benannte Sachbearbeiterin, ein Sachbearbeiter aus dem Team
6.3 Wer vertritt den Stelleninhaber?
Jeweils eine konkret benannte Sachbearbeiterin, ein Sachbearbeiter aus dem Team

7. Fachkenntnisse	
Nr. der Tätigkeiten	Welche Rechtsvorschriften, Einzelanweisungen etc. sind vom Stelleninhaber zu beachten, welche Spezialkenntnisse, welches Erfahrungswissen wird ggf. benötigt?
1 und 2	GG, SGB VIII, BGB, StGB, StPO, FamFG, SGB I, IX, X und XII, KiGaG, AuslG, ZPO, OWiG, JGG, AVG, Arbeitsrecht, Verwaltungsrecht, Erziehungsgeld- und Urlaubsgesetz, Jugendschutzgesetz, Gesetz über die religiöse Kindererziehung, Jugendarbeitsschutzgesetz, Gesetz über jugendgefährdende Schriften, Haager Minderjährigen Schutzabkommen, Adoptionsvermittlungsgesetz, NamÄG, UVG sowie entsprechende Verordnungen, Erlasse, Ausführungsbestimmungen, Dienstvereinbarungen, Richtlinien, Empfehlungen z. B. des Deutschen Städtetages u. a. zu Verfahrenstandards in JÄ bei Gefährdung des Kindeswohls o. ä. Kenntnisse in EDV (MS Office, Jugendamtsspezifische Software) und Telekommunikation Fachhochschulstudium als Diplom-Sozialarbeiter/-in oder Diplom-Sozialpädagoge/Sozialpädagogin mit staatlicher Anerkennung bzw. Bachelor/Master, Methoden der Sozialarbeit, Einzelfallhilfe, Gruppenarbeit, Gemeinwesenarbeit, Netzwerkarbeit, Krisenintervention, vertiefte Kenntnisse aus verschiedenen Bereichen der Psychologie, der Pädagogik, der Medizin, Erfahrungen in Gruppenarbeit, in Familienberatung und in Arbeit mit Kindern, Teamberatung, Verhandlungsführung, Gesprächsführung, Gruppendynamik, Verwaltung, Rechtskenntnisse, Erfahrung im Umgang mit sozialen Randgruppen und Suchtkranken. Vertiefte Kenntnisse über Menschen in Krisen und Notsituationen einschließlich von Kriseninterventionstechniken, umfassende Kenntnisse und Erfahrungen in der Arbeit im sozialen Brennpunkt oder in der stadtteilbezogenen Arbeit.

Aufgestellt: Ort, ______________ ____________________ Unterschrift Stelleninhaberin	Von vorstehender Arbeitsplatzbeschreibung habe ich Kenntnis genommen; sie ist vollständig und richtig (Änderungen in blau): Ort, ______________ ____________________ Unterschrift Amtsleiter/Institutsleiter

Geprüft (Änderungen in rot):

Ort, ______________

____
Unterschrift

Mit dem Gutachten „Stellenplan – Stellenbewertung" aus dem Jahre 2009 hat die KGST eine leicht veränderte und differenzierte Praxis der Stellenbewertung praktiziert, was auch Auswirkungen auf die Gestaltung der Vorlagen für die Stellenbeschreibung hatte. Diese Vorlage weicht ab von der obigen. Das Gutachten der KGST aus dem Jahre 2009 sollte jede Person kennen, welche die Bewertung ihrer Stelle beantragt und aufgefordert ist, ihre Stelle zu beschreiben.

„Wegsparen ist die Arroganz der Habenden."

Hans-Uwe Otto, Erziehungswissenschaftler, geb. 1940

5

Leistungen der Jugendhilfe

Die Leistungen der Jugendhilfe unterliegen den gleichen Prinzipien wie die meisten Sozialleistungen in unserem Land. Nur die örtlich und sachlich zuständige Stelle darf bei Vorliegen von Anspruchsvoraussetzungen (notwendig und geeignet) auf Antrag von Berechtigten, die eine Mitwirkungspflicht haben, Leistungen unter den damit verbundenen Voraussetzungen (Benennung eines Defizits, einer Mängellage, auch wenn sonst immer von einer negativen Bewertung pädagogisch abgeraten wird) gewähren.

Die Leistungsberechtigten können zu den Kosten herangezogen werden. Die Leistungsgewährung ist mit einem rechtsmittelfähigen Bescheid auf Verlangen zu versehen. Bei den Sozialleistungen im Rahmen der sozialpädagogischen Intensivhilfen handelt es sich um einen Sonderfall von Dienst- bzw. Sozialleistungen, wie Abbildung 7 zeigt.

5.1 Dienstleistungen und Sozialleistungen im Vergleich

Der Sprachgebrauch in der Fachwelt trägt zur Verwirrung von Studierenden, Professionellen in der Praxis und von Leistungsberechtigten bei. Die folgende Übersicht soll im Hinblick auf Kriterien die Besonderheit von Sozialleistungen als personenbezogene soziale Dienstleistungen im Vergleich zu kommerziellen Dienstleistungen allgemeiner und kommunaler Art hervorheben.

Dabei werden noch längst nicht alle Aspekte berücksichtigt, allerdings die, die konstitutiv für das Verhältnis von Jugendamt, Leistungsberechtigten und Leistungsträgern sind.

Bei den Aufgaben Mitwirkung (§§ 50–53), Inobhutnahme (§ 42 SGB VIII), Abwendung eines Gefährdungsrisikos (§ 8a Abs. 3 SGB VIII) handelt es sich nicht um Sozialleistungen, sondern um sogenannte hoheitliche Aufgaben, die mit dem Begriff der Eingriffsverwaltung und Kontrolle in Zusammenhang zu bringen sind.

Kriterien	Kommerzielle Dienstleistungen	Kommunale Dienstleistungen	Sozialleistungen
Begriff	Die Volkswirtschaftslehre unterscheidet zwischen Rohstoffgewinnung (Primär-, verarbeitendem Gewerbe (Sekundär-) und Dienstleistungen (Tertiärsektor). Die Betriebswirtschaft kennt die Absatzobjekte Dienstleistung und Sachleistung.	Im Rahmen der Verwaltungsreformen wurde das Leitbild des Dienstleistungsunternehmens Kommune als zentrales Merkmal im Verhältnis von Bürgerinnen und Bürgern zu ihrer kommunalen Verwaltung geprägt.	Sozialleistungen sind Dienst-, Geld- und Sachleistungen eines (Leistungs-)Trägers, die zur Sicherung oder Verwirklichung der gesetzlich anerkannten (Grund-)Bedürfnisse auf Antrag von Leistungsberechtigten oder bei Bekanntwerden des Bedarfs nach den Regeln des SGB aufgebracht werden. In der Jugendhilfe umfassen die Sozialleistungen im Rahmen von ambulanten und stationären Leistungen gem. §§ 13–41 SGB VIII vor allem pädagogische und therapeutische Leistungen.
Bedarf	Der Bedarf wird geweckt oder beworben, er entsteht.	Im Rahmen der Daseinsvorsorge stehen Bedarfe fest, teilweise werden sie beworben.	Bedarf wird nicht beworben, er entsteht. Bedarfsbefriedigung ist für das Individuum existenzieller Natur (Leistung notwendig).

Kriterien	Kommerzielle Dienstleistungen	Kommunale Dienstleistungen	Sozialleistungen
Zentrale Unternehmensziele	Absatz und Gewinnoptimierung	Verhältnismäßigkeit, Sicherheit, Ordnung	Hilfe zur Selbsthilfe, Integration, Notlage ist abgewendet, Sicherung der Existenz, der Teilhabe
Akteure	Anbieter ./. Konsumentengruppen oder individuell Konsumierende	Kommunalverwaltung handelnd durch Mitarbeiterinnen ./. Einwohner und Bürger	Der sachlich und örtlich zuständige (öffentliche) Träger, die Anbieter, anspruchsberechtigte Individuen
Wahlmöglichkeit	für beide Seiten sind Anbieten und Annehmen der Leistung frei	für beide Seiten weitgehend nicht frei („hoheitliche" Aufgaben), Kommune muss teilweise Leistungen auf Vorrat halten	Öffentlicher Träger muss anbieten, Anbieter und Leistungsberechtigte können im Rahmen der Verhältnismäßigkeit wählen. Leistungsberechtigte müssen mitwirken.
Grundlagen	Vertrag	Gesetze, Verordnungen, Satzungen	Gesetze, Hilfepläne und ähnliches
Preisbildung	durch Angebot und Nachfrage auf dem Markt mit Gewinn für Anbieter	politische Preisbildung oder nach dem Selbstkostenprinzip	Im Verhältnis von (Leistungs-)Trägern und Anbietern: durch Angebot und Nachfrage auf dem Markt mit Gewinn für private Anbieter, Entgeltvereinbarungen zwischen öffentlichen und gemeinnützigen freien Trägern. Im Verhältnis von Kostenträgern und Leistungsberechtigten; Kostenbeteiligung der Leistungsberechtigten gem. Gesetz entsprechend der Leistungsfähigkeit des Leistungsberechtigten.
Konfliktregelung	Reklamation, Schiedsstelle	„Kummerstrippe", Widerspruch, Klage, Bürgerentscheid	Dienstaufsichtsbeschwerde, eventuell Widerspruch, Klage
Gerichtsbarkeit	Zivilverfahren	Verwaltungsverfahren, Zivilverfahren	Verwaltungsverfahren (vor Sozial- oder Verwaltungsgerichten)

Abbildung 7: Dienstleistungen und Sozialleistungen im Vergleich

5.2 Schriftsätze und Dokumentationen bei sozialpädagogischen Intensivhilfen

Bei der Bearbeitung eines Hilfeersuchens, bei der Wahrnehmung unterschiedlicher Aufgaben im ASD, können alle Gattungen von Schriftstücken wiederholt oder in bestimmter Abfolge oder mit wechselnden Inhalten vorkommen, je nach Auslöser oder aktuellem Anlass.

Für drei großen Aufgaben des ASD, nämlich

1. den Hilfen zur Erziehung,
2. der Mitwirkung im Familiengerichtsverfahren und
3. der Mitwirkung in Verfahren nach dem Jugendgerichtsgesetz (Jugendgerichtshilfe)

werden die formalen äußeren Anforderungen an die Dokumentation im Folgenden vorgestellt.[28] Weil sie direkt oder indirekt in die Schriftsätze einfließen, sind dabei zu berücksichtigen:

- die anzuwendenden Gesetzestexte;
- die theoretischen und methodischen Kenntnisse, die für die Ausgestaltung der jeweiligen Aufträge nötig sind;
- die Fertigkeiten, welche diese Aufgaben per se erfordern;
- die Komplexität der Materie und die Exklusivität eines jeden Einzelfalles;
- die Vielzahl der Personen, Institutionen, Professionen und Einsatzorte (Komm-, Geh- und Treffstruktur), die möglicher- oder notwendigerweise mit einzubeziehen sind;
- ferner die Dauer der Laufzeit eines Einzelfalls;
- die damit verbundenen Prozesse, in deren Verlauf sich alle Beteiligten verändern, und
- die Auswirkungen auf die Einzelnen, die bis in ihre Grundrechte tangiert werden können, sowie auf die Allgemeinheit, die jetzt oder später die sozialen und materiellen Kosten trägt, die sich aus dem Handeln der Sozialarbeiter ergeben können.

Im Hinblick auf die Sozialleistungen werden im Folgenden Schriftsätze und Dokumentationen behandelt, die sich auf Leistungen mit nicht unerheblichen Kosten beziehen.

---

28 Auf die besondere inhaltliche und methodische Schwierigkeit und Bedeutung der einzelnen Aufgaben (Hilfe zur Erziehung, Mitwirkung, Jugendgerichtshilfe, Trennungs- und Scheidungsberatung und Kinderschutz) gehen wir an dieser Stelle nicht näher ein, vgl. Münder 2009; Wiesner u. a. 2011^4.

5.2.1 Hilfen zur Erziehung

> *„Die Schule hat gesagt, ich soll mich an Sie wenden. Wir haben Schwierigkeiten mit unserem Sohn. Die Lehrerin hat gesagt, Sie hätten da was für uns."*
> Ein solcher Anruf eines Vaters oder einer Mutter kann genauso wie der einer Lehrerin oder einer Therapeutin aus der Kinder- und Jugendpsychiatrie den Beginn einer Hilfe zur Erziehung einleiten.

„Hilfe zur Erziehung" (gem. §§ 27 ff SGB VIII) ist der auch im Berufsalltag benutzte korrekte Fachausdruck für die vielfachen und bedeutenden Aufgaben im ASD; sie ist zugleich die kostenintensivste Hilfeart.

Hilfe zur Erziehung wird den Sorgeberechtigten, in der Regel den Eltern, oft in den Fällen des Kinderschutzes dem Vormund, gewährt, *nicht* den Minderjährigen. Sie kann ganz allgemein bekannte und weniger bekannte, meist jahrelange Leistungen der Jugendhilfe umfassen: Von einer ambulanten Betreuung (u. a. Erziehungsbeistandschaft, Sozialpädagogische Familienhilfe, Gruppenarbeit, Beratung) bis zu stationären Hilfen (u. a. in Heimen, Wohngruppen, Internaten, Pflegefamilien, betreutem Wohnen), daneben manchmal ergänzend oder eigenständig verschiedene Therapien, Lernhilfen und ähnliches. Pädagogische und therapeutische Leistungen stehen im Vordergrund; nie geht es ausschließlich um wirtschaftliche Hilfe.

Die Hilfeplanung (§ 36 SGB VIII) und die Dokumentation der Hilfen zur Erziehung sind allerorts in den Jugendämtern und in den Jugendhilfeeinrichtungen zentrale Themen; sie sind deswegen überproportional in der Ausbildung und der Literatur, in den Fachdiskussionen und in den Fortbildungen vertreten.

In Kenntnis der Gesamtumstände und Abläufe werden die vielen Gründe für die Gewichtung und für die eingehende Dokumentation dieser Aufgaben, die „Verwaltungsarbeit" – oder der „Schriftkram" – einsichtig:

- Weil Hilfen zur Erziehung Sozialleistungen sind, auf welche die Bürger (die Sorgeberechtigten[29]) unter bestimmten Umständen einen einklagbaren Rechtsanspruch haben, unterliegen sie besonderen Regeln: einerseits sämtlichen allgemeinen Regeln der Sozialleistungen (aus SGB I und SGB X) und andererseits den speziellen Bestimmungen des SGB VIII.

---

29 Anders in den Fällen des § 35a SGB VIII (Eingliederungshilfe), nach dem die Minderjährigen selbst Anspruch haben und ab Vollendung des fünfzehnten Lebensjahres auch einen eigenen Antrag stellen können (§ 36 SGB I).

- Wie die allgemeine Regel für alle Sozialleistungen besagt, muss eine Hilfe zur Erziehung beantragt und begründet sowie die Notwendigkeit der Hilfe festgestellt und beschieden werden; die Antragsteller und Empfänger müssen am Erfolg (die Hilfe ist nicht mehr notwendig) mitwirken. Selbstverständlich müssen alle diese Schritte in nachvollziehbaren, vergleichbaren und überprüfbaren Schriftformen (daher meist in Vordrucken) festgehalten werden. Diese Vorgehensweise ist den meisten Bürgern bekannt, z. B. durch die Inanspruchnahme von Wohn- und Kindergeld, Krankenkassenleistungen, BAföG usw. Dort leuchtet auch jedem ein, dass diese Anträge nicht nur „administrativ" aufbereitet werden, sondern jeweils mit Spezialkenntnissen und mit Fachkompetenz bearbeitet und entschieden werden müssen.
- Wie für alle Sozialleistungen werden für die Hilfen zur Erziehung spezielle, gesonderte Akten geführt, für die über einige Jahre eine Aufbewahrungspflicht besteht und in die neben den Beteiligten auch die Verwaltungsgerichte[30] und andere Mitwirkende ebenso lange Einblick nehmen können, um prüfen zu können, ob z. B. alle formalen Kriterien erfüllt sind und ob die Fachkräfte ihre Ermessensspielräume angemessen genutzt haben. Was heute schriftlich festgehalten wird, entzieht sich dem eigenen Einfluss und eigener Kontrolle. Die fallbezogene Arbeit kann so lange anhand dieser Unterlagen bewertet und kritisch beurteilt werden.
- Wie die Hilfen zur Erziehung im Jugendamt speziell zu bearbeiten sind, wird in den §§ 27–38 SGB VIII näher bestimmt. Gemäß SGB VIII ist nach den Erfordernissen des Einzelfalles vorzugehen, die Bedingungen hier sind abweichend (vom Wohngeld etwa, wo für alle vergleichbar die gleichen Sätze gelten) und nicht für alle Leistungsberechtigten die gleichen. Darin liegen große Chancen, Gestaltungsmöglichkeiten und fachliche Herausforderungen für die Sozialarbeiterinnen. Die Dokumentation der Sozialleistung wird somit zum Ausweis ihrer fachlichen Kompetenz – z. B. darüber, wie einzelne Begriffe, etwa „notwendig" und „geeignet", professionell mit Leben gefüllt wurden – und sollte keinesfalls im Sinne „administrativer" oder „verwaltender" Tätigkeit falsch verstanden werden. Diese nähere, fachliche Betrachtung und Bewertung des Einzelfalles muss für alle Beteiligten nachvollziehbar und verständlich gemacht werden.
- Weil in den Unterlagen zu den Hilfen zur Erziehung höchst sensible Informationen enthalten sind, unterliegen sie einem besonderen Datenschutz; alle, die Einblick nehmen wollen und dürfen, müssen legitimiert sein.

30 Auch Strafgerichte, wenn sie feststellen müssen, ob eine Fachkraft ihrer Garantenpflicht mit ihrem Handeln entsprochen hat.

- Auch aus der fachlichen Perspektive muss wegen der vielen Mitwirkenden sowie für die Ausgestaltung der Hilfen die Nachvollziehbarkeit gegeben sein. Diese wird durch die Schriftform (formal und inhaltlich strukturiert) und durch gemeinsame Regeln (wer, wann, welche Unterlagen bekommt; wann und wie, in welcher Zusammensetzung die Fachgespräche stattfinden) gewährleistet (alle Beteiligten sollen im Grunde nach die gleiche Information haben).

  Vielen Sozialen Diensten (ASD, KSD, BSD)[31] sind Verwaltungsfachkräfte der wirtschaftlichen Jugendhilfe zugeordnet, die z. B. die Bescheide erteilen, den Zahlungsverkehr erledigen, den Elternbeitrag bemessen und geltend machen, also mit den Eltern diesbezüglich Umgang haben. Deswegen müssen sie den Vorgang nachvollziehen, Vereinbarungen und Besonderheiten kennen und in Bezug auf Veränderungen auf dem Laufenden bleiben können.
- Die meisten pädagogischen und fachspezifischen Hilfen zur Erziehung (z. B. die unmittelbare, regelmäßige Arbeit mit den Minderjährigen) leistet die Fachkraft des ASD oft nicht selbst. Damit werden pädagogische Fachkräfte der freien Träger der Jugendhilfe (Caritas, AWO usw.), andere Institutionen oder Einzelpersonen beauftragt. Deren Leistungen wiederum werden nach vertraglichen Entgeltvereinbarungen und Einzelvereinbarungen von den Jugendämtern (eben über die Kolleginnen der wirtschaftlichen Hilfen) vergütet bzw. abgerechnet.

  Die Kolleginnen, welche die Anträge hinsichtlich der Ausgaben und Einnahmen bearbeiten, und die ausführenden Fachkräfte der freien Träger müssen selbst über die für ihre Arbeit notwendigen Informationen stets verfügen können. Sie müssen aber auch ihrerseits in geeigneter Form (oft schriftlich) die Sorgeberechtigten, die Fachkräfte des ASD oder andere Beteiligte informieren (mitunter für die fachliche Begründung ihres Arbeitsumfanges) und dabei die Minderjährigen einbeziehen.
- Hilfen zur Erziehung werden u. a. auch gewährt, um Gefährdungsrisiken für Kinder abzuwenden. Gelegentlich werden anlässlich von Einsätzen im Rahmen der Hilfe zur Erziehung solche Gefährdungsrisiken auch bekannt. Von zentraler Relevanz ist dann, dass die Anhaltspunkte für die Gefährdungen, die Absprachen zur ihrer Abwendung, die Vereinbarungen mit Eltern oder Erziehungsberechtigten genauestens dokumentiert werden. Diese Dokumentationen können von Familiengerichten oder auch von Strafgerichten zur Beurteilung und Entscheidungsfindung herangezogen werden.

31 Siehe Glossar.

Mit den Hilfen zur Erziehung geben die Jugendämter sehr viel Geld aus (eine stationäre Hilfe zur Erziehung kann von etwa 600 Euro monatlich bis 300 Euro täglich kosten und das oft in einem Einzelfall über Jahre). Für die Kommunen erwachsen so jährlich Millionenbeträge für diese Pflichtleistungen, weswegen auch die Überprüfbarkeit (hier etwa durch internes Controlling oder durch das Rechnungsprüfungsamt, im Klagefall durch ein Verwaltungsgericht) neben der Nachvollziehbarkeit von großer Bedeutung ist. Diese hohen Beträge lösen bei Politikern, die die Verwaltung durch Zielvorgaben steuern und maßgeblich beeinflussen, insbesondere in Zeiten der Finanzknappheit und der sonst engen Gestaltungsspielräume Begehrlichkeiten des Sparens aus. Auch aus diesen Perspektiven sollten die für die Leistungen zugrunde liegenden Dokumentationen allen Anforderungen entsprechen. Dies gilt insbesondere für den bewusstseinsbildenden Sprachgebrauch der Fachkräfte (der im Wesentlichen ihre Profession ausmacht): Sie haben keine „Kunden“, sondern Anspruchsberechtigte oder Leistungsberechtigte.

Eine regelgeleitete, überschaubare (deswegen nicht zuletzt formalisierte) Dokumentation der Hilfen zur Erziehung ist nicht nur Ausweis der Fachkompetenz der ASD-Mitarbeiterinnen. Sie kann und soll das methodische Gerüst bilden, das für die Handelnden als eine jederzeit nachlesbare Erinnerungsstütze auch bezüglich der eigenen fachlichen Überlegungen dient. Eine ASD-Fachkraft ist i. d. R. für mehrere tausend Einwohner zuständig, die nicht alle und schon gar nicht gleichzeitig zum „Fall“ werden; aber mehrere Dutzend laufende „Fälle“, mit einer großen Zahl an beteiligten Personen, mit vielen gleichzeitigen Hilfen zur Erziehung sind schon die Regel. Kein Gedächtnis reicht so weit; es ist hilfreich, Wichtiges jederzeit selbst nachlesen zu können.

Bei der Überlegung, wann die fachliche, sozialarbeitsspezifische Aufgabenerledigung beginnt und ab wann diese „Verwaltungstätigkeit“ ist, ist die Methodenlehre eine große Hilfe. Auch ein „Erstgespräch“ muss strukturiert, inhaltliche, methodische Vorüberlegungen müssen geplant, methodische Entscheidungen müssen während der Gespräche getroffen werden, die man als Fachkraft auch noch lange selbst nachvollziehen will. Fragen wie „Was habe ich, wann, wozu getan?“ lassen sich anhand von Schriftformen leichter beantworten.

Kollegial und persönlich formuliert, kann das heißen: Wenn *Sie* z. B. Ihre Notizen während des Gespräches führen, dadurch mehr Authentizität gewährleisten, die Zeit für das spätere Diktieren oder Schreiben sparen und dies alles auch noch Ihren Gesprächspartnern erklären sowie diesen ein gewisses Mitspracherecht inhaltlich zusichern, dann kann dies ein Teil Ihres methodischen Konzeptes sein: *Sie* bieten Transparenz, arbeiten am Abbau des Gefälles zwischen dem Jugendamt und dem Klienten, *Sie* werden vom Amt zur handelnden Person; eine förderliche Interaktion ist angelegt.

Die Art, wie Sie die Leistungsberechtigten anschreiben, ist auch ein Ausdruck Ihres methodischen Handelns: Ob Sie einen Formbrief verwenden, wann Sie diesen losschicken (die Adressaten könnten über das ganze Wochenende, während Ihres Urlaubes oder während der Feiertage im Ungewissen „schmoren"), welche Reaktionsmöglichkeiten Sie den Adressaten offen lassen und – nicht zuletzt – wie viel Respekt durch welche Art von Sprache mit welchen offenen und impliziten Inhalten Sie ihnen entgegenbringen, wird den gesamten Prozess nicht unbeeinflusst lassen.

Was und wie Sie in der Sozialpädagogischen Diagnose oder im Hilfeplan erörtern bzw. beschreiben, sind Ausdrücke Ihres methodischen Handelns: Wenn Sie z. B. im Hilfeplan festhalten, dass Hänschenklein dies und jenes möchte, liest der kundige Blick, dass Hänschenklein offene Wünsche und Träume hat, vielleicht jenseits jeder Realität. Wenn Sie auch dazu schreiben, welche konkreten Ziele in welchen kleinen Schritten, mit welchen Ressourcen, mit welcher Unterstützung und in welcher Zeit Hänschenklein dies zu erreichen gedenkt, dann ist die Diskrepanz zwischen (noch) nicht können und der zu erwartenden Entwicklung (was ein notwendiges Ziel der Hilfe zur Erziehung ist) ablesbar und zudem beim nächsten Hilfeplangespräch überprüfbar. Der fremde Leser oder Sie selbst können später erkennen, dass Sie beim Hilfeplangespräch die gesetzlichen und fachspezifischen Inhalte im Blick hatten. Ihr methodisches Wissen anzuwenden ist demnach ein wesentlicher Teil des Hilfeerfolges, eine tragende Beziehung zwischen Ihnen und den Minderjährigen.

Eine detaillierte Betrachtung des Verlaufs der Hilfen zur Erziehung – wie er um Nuancen variiert im ASD vorkommen kann – soll verdeutlichen, wie viele verschiedene Schriftsätze, die „natürlich" heute vor allem computerunterstützt aufbereitet sind, neben weiteren statistischen oder listenmäßigen Erfassungen vorliegen können.[32]

32 Prozesse von Leistungen bei Hilfe zur Erziehung sind andernorts z. B. in Verlaufs- oder Flussdiagrammen dargestellt. Vgl. Seithe, M. 2001, S. 211, die im Übrigen auch weitere Arbeitshilfen bietet wie z. B. die Lebenswelttabelle, Soziogramm, Genogramm, Netzwerkdarstellung; s.a. ZBFS (2010), S. 53 ff. oder BMFSFJ (1999), S. 57.

Stationen des Verlaufs einer Hilfe zur Erziehung	Schriftstück/Dokumentation
1. **Meldung** (Fremdmeldung: z. B. die Lehrerin ruft an, weil Jan besonders auffällig ist; Selbstmeldung: eine Mutter meldet sich, weil sie aufgrund Lisas Verhalten vollkommen erschöpft ist; Jenny ist zur Schutzstelle gegangen) oder eigene **Erkenntnis:** Im Rahmen der Mitwirkung im Familiengerichtsverfahren wird deutlich, dass Eileens Entwicklung gefährdet ist, im Rahmen einer Beratung der Eltern wird eine Eigeninitiative für ein Kind notwendig.	*Vermerk; Gesprächsnotiz* (Datum, ggf. Uhrzeit, Name, Funktion der Gesprächspartnerin, Art des Gespräches, Information, Angaben, Anliegen, Vereinbarung).
2. **Zuständigkeitsprüfung:** örtlich (§ 86 ff SGB VIII, organisatorisch im Bezirk oder für den Buchstaben) und sachlich (§ 85 I SGB VIII) zuständig? Ggfls. auf zuständige Leistungsträger verweisen.	*Vermerk* (Prüfungsergebnis, Verfügung, z. B. Weitergabe)
3. **Hilfeidee/Hilfemotivierung:** Erste Vorüberlegungen: Welche Hilfe könnte in Frage kommen, welche würden angenommen? Teils Gedankenarbeit, teils Gespräche mit den Beteiligten oder anderen. Ggf. auf andere Leistungsträger verweisen, ggf. erste Meldung/Anfrage an einen freien Träger der Jugendhilfe.	*Vermerke, Gesprächsnotizen* (Angaben wie im Punkt 1, plus einzelne Vorstellungen der Beteiligten, plus eigene und fremde fachliche Überlegungen); *Brief* an die Sorgeberechtigte (Anlass, gesetzliche Grundlage, Hilfeangebot; i. d. R. *Formbrief*); Entbindung von der Schweigepflicht (*Formular*).
4. **Anamnese/Informationsbeschaffung:** Gespräche mit Eltern, Kindern, Hausbesuche, Lehrerinnen, Ärzten, etc.	*Vermerke* (Angaben, wie im Punkt 1, plus Angaben zu vorstrukturierten Fragen; vgl. Glossar: Anamnese – Was alles wurde von wem, wann im welchem Umfang zuvor i. B. auf das Problem unternommen? Wie war das Ergebnis?).
5. **Antragstellung:** Schriftlich, Sozialleistung, Mitwirkungspflicht.	i. d. R. *Formblatt* mit Anlagen: Berichte, Zeugnisse usw.
6. **Lebensweltananlyse/Diagnose:** Ohne festgestelltes Defizit kein Anspruch auf Hilfe, ohne festgestellte Ressourcen keine Aussicht auf richtigen Hilfeansatz.	Sozialpädagogische Diagnose und *Genogramm* (siehe Glossar).
7. **Kollegiale Beratung im Team:** „Was meinst Du dazu? Könnt Ihr mir mal sagen … Ich weiß da nicht weiter.“ Ggfls. mit einem freien Träger abstimmen.	*Ergebnisprotokoll* (i. d. R. Formblatt, weitgehend wie ein Vermerk, plus Unterschrift und Auflistung aller Teilnehmenden).
8. Erörterung der möglichen Hilfe mit den Antragstellern und Beteiligten: „Ich möchte Ihnen Folgendes vorschlagen.“ „Was halten Sie von …?“	*Vermerk* oder *Ergebnisprotokoll.*

Stationen des Verlaufs einer Hilfe zur Erziehung	Schriftstück/Dokumentation
9. Vorlage für die Entscheidungskonferenz: auch an den freien Träger.	*Vorlage für die Erziehungshilfekonferenz (EHK-Vorlage)*, i. d. R. Formblatt, plus sozialpädagogische Diagnose, plus Genogramm aus dem Punkt 6.
10. **Entscheidungskonferenz über den Anspruch im Grunde nach und die mögliche Leistung:** Ist eine Hilfe notwendig (für „sinnhaft" gibt es keine HzE)? Welche Hilfe ist zu gewähren: HzE, Hilfe für jg. Volljährige oder für seelisch Behinderte? Welche Leistung soll gewährt werden, welche Hilfe ist geeignet: SpFH, Betreuungshelfer, Soziale Gruppenarbeit, Beratung etc.? Festlegung von Zielen und Umfang der Hilfe gem. § 36 II S. 1 SGB VIII, auch mit jemandem vom voraussichtlich in Anspruch genommenen Dienst.	*EHK-Protokoll*, (Ergebnisprotokoll) i. d. R. Formblatt mit Unterschrift der Beteiligten.
11. **Information an die Personensorgeberechtigten/Antragsteller:** („Folgendes hat die Erziehungshilfekonferenz beschlossen: … Wenn sich alle am Hilfeprozess Beteiligten hinreichend kennen gelernt haben, stellen wir gemeinsam einen Hilfeplan auf …")	*Aktennotiz, Vermerk* (Datum, Teilnehmende, Reaktion auf die Information. Vereinbarungen; Wer hat was, wann, wie im welchem Umfang zu erledigen?; z. B. Wer bringt das Kind wann mit welchen Dokumenten und Papieren wohin?).
12. **Einsatz der Hilfe:** Erste Aushandlungen über die Durchführung der Hilfe, z. B. anlässlich eines Hausbesuches von Zuständigen im JA, Leitung und Einsatzkraft des Dienstes.	*Aktennotiz, Vermerk*, sehr kurz
13. **Probezeit:** Kennenlernphase (Familie, Kinder, Einsatzfachkraft oder Gruppe), Entwicklung von Arbeitsaufträgen im Sinne der Ziele, erste Umsetzungen.	Ggf. *Vermerke, Notizen* über Infos, Telefonate
14. **Erstes Hilfeplangespräch:** Klärung der weiteren Zusammenarbeitsbereitschaft zwischen allen Beteiligten und weiterer Chancen. Evtl. Ende der Hilfe; bei erkennbarer Kindeswohlgefährdung evtl. Mitteilung ans Gericht.	*Hilfeplanprotokoll*, i. d. R. Formblatt, mit Unterschrift aller Teilnehmenden.
15. **Weitere Hilfeplangespräche** mit oder ohne Modifizierung der Hilfe.	*Hilfeplanprotokoll.* Wie im Punkt 14.
16. **Abschluss der Hilfe**/Auswertungsgespräch.	*Hilfeplanprotokoll.* Wie im Punkt 14, plus ggf. schriftliche Bewertung/Evaluation der Hilfe, i. d. R. per Formblatt.

Abbildung 8: Schriftstücke bei Hilfe zur Erziehung

Der mit der Einführung des SGB VIII propagierte Paradigmawechsel „Hilfe statt Kontrolle" trifft für die Hilfe zur Erziehung so nicht zu.

Hilfeleistungen bzw. das Ausbleiben von Hilfen können für das Jugendamt und die Allgemeinheit mit enormen Folgekosten verbunden sein. Für die Sozialleistung „Hilfe zur Erziehung" sind im SGB VIII selbst und in dessen praktischen Anwendungen Kontrollen für die Hilfeprozesse vorgesehen, auch wenn sie anders benannt werden:

- Im Verhältnis von Bürger und Staat wird vom Jugendamt u. a. überprüft (kontrolliert), ob die Voraussetzungen für die Sozialleistungen vorliegen und was/wieviel der Leistungsberechtigte zu den Kosten beitragen muss. Im Hilfeplanverfahren erfolgen inhaltliche Auswertungen zur Mitwirkung der Leistungsberechtigten und ob Ziele oder Teilziele erreicht wurden.
- Im Verhältnis von Kostenträger (Jugendamt) und Leistungserbringer (z. B. Fachdienste, Heime freier Träger) wird über Hilfeplanung und Evaluation überprüft, ob die konkreten Leistungen gegenüber der Einzelperson entsprechend der Leistungsbeschreibung (von A bis Z, von Aufsicht über den Minderjährigen bis zur Zusammenarbeit mit den Personensorgeberechtigten) erbracht werden.
- Kontrolliert wird das Budget des Jugendamtes im Rahmen des kommunalen Finanzmanagements dahingehend, ob die eingesetzten Mittel notwendig sind und mit ihnen hinreichend Wirkung erzielt wird, sie also verhältnismäßig eingesetzt sind.

5.2.2 Hilfen für junge Volljährige

Eine junge Frau kommt unangemeldet zu Dienstbeginn ins Jugendamt und erzählt, sie habe sich von ihrem Freund getrennt, bei dem sie bislang untergekommen sei. Ihre Eltern hätten sich getrennt. Weder bei ihrer Mutter noch bei ihrem Vater könne sie wohnen. Sie wisse nicht weiter und benötige Hilfe.

Es ist bekannt, dass zwar die Volljährigkeit mit dem vollendeten 18. Lebensjahr einsetzt, dass die jungen Volljährigen aber nicht nur vielfach noch auf das „Hotel Mama", sondern auch in Bezug auf die finanzielle Unterstützung der Eltern oder staatliche Leistungen angewiesen sind. In vielen Fällen sind die jungen Volljährigen noch nicht wählbar (z. B. als Bundestagsabgeordnete), und auch als Angeklagte haben sie einen Sonderstatus durch das Jugendgerichtsgesetz. Die jungen Volljährigen sind zwar voll geschäftsfähig, vielfach aber auch z. B. durch Handyverträge schnell verschuldet. Dem „Schon jetzt –

aber noch nicht ganz" dieser Lebensphase hat der Gesetzgeber im SGB VIII durch die Einführung der Hilfen für junge Volljährige Rechnung getragen. Die Hilfen sollen den jungen Menschen zu Gute kommen, die in ihrer Persönlichkeitsentwicklung deutlich hinter den Altersgenossen zurückbleiben und/oder eine besondere Lebenssituation zu überwinden haben.

Mit der Einführung des § 41 SGB VIII (1990) ist die Hilfe für die jungen Volljährigen dadurch erweitert worden, dass – anders als nach dem überholten Jugendwohlfahrtsgesetz – jetzt auch junge Volljährige Hilfen bekommen können, die nicht zuvor Hilfe zur Erziehung erhalten haben und nicht in einer Ausbildung sind. Die Praxis der öffentlichen Träger der Jugendhilfe in Bezug auf diese Leistung ist allerdings von Anfang an sehr restriktiv ausgefallen – weil es Kosten verlagert bzw. in der Jugendhilfe verursacht; manche gewährten oder gewähren diese Leistung nicht. Dabei hat der Gesetzgeber die Hilfe nach § 41 SGB VIII als „Soll-Leistung" konzipiert mit der Folge, dass sie im Regelfall zu erbringen ist. Ein Einzelfall, der abgelehnt wird, bedarf der besonderen und spezifischen Begründung. Fiskalische Gesichtspunkte oder der Verweis auf die Rechtsansprüche auf Leistungen nach dem Sozialgesetzbuch XII begründen eine solche Ablehnung nicht.

Die Rechtsprechung hat zu den Voraussetzungen der Hilfe für junge Volljährige nach dem SGB VIII in Abgrenzung zu den Leistungen nach SGB XII (Sozialhilfe) und denen für seelisch Behinderte oder von seelischer Behinderung Bedrohte nach § 35a SGB VIII Maßstäbe entwickelt, aus denen sich für die Gewährung der Hilfe keine besonders hohen Hürden ergeben. An dieser Stelle sollen zur Orientierung nur die markantesten Eckpunkte der Hilfe skizziert werden, die in der schriftlichen Berichterstattung – zu Gewährung oder Ablehnung der Ansprüche – berücksichtigt werden müssen. Die Feinheiten der Diskussion ergeben sich aus Gesetzen, Gesetzeskommentaren und Urteilen der Verwaltungsgerichte, die an anderer Stelle wegweisend verarbeitet sind.[33] Grundsätzlich ist empfehlenswert, sich vor Abgabe einer Stellungnahme oder Gewährung einer Leistung mit Hilfe des betreffenden Gesetzes und der entsprechenden Kommentare über die Anspruchsvoraussetzungen zu vergewissern.

Anspruchsberechtigt sind junge Volljährige, deren soziale Situation und Persönlichkeitsentwicklung deutlich unterstützungsbedürftig ist. Ein einfa-

33 Landesjugendämter oder Kommunen geben Empfehlungen heraus zum Umgang mit verschiedenen Hilfeformen, die Abgrenzungsfragen klären und Streit um die Kostenträgerschaft vermeiden helfen sollen, die aber auch Hinweise zu Voraussetzungen und zur Ausgestaltung der Hilfe geben. Solche Empfehlungen, wie auch die zu Hilfen gem. § 35a SGB VIII oder vergleichbare, sollte jede Fachkraft im ASD kennen.

cher Konflikt mit den Eltern oder Defizite in der Sozialisation reichen nicht aus. Die Summe der Probleme der Person und ihrer sozialen Bezüge muss schon deutlich von einem Normalmaß, wie es zu dieser Altersgruppe gehört, abweichen.

Es muss Aussicht bestehen, die mit einer nach dem Bedarf im Einzelfall ausgestalteten Hilfe auch die mit ihr verbundenen Ziele zu erreichen, die nicht zu hoch gesteckt sein dürfen. Dabei ist unverzichtbare Voraussetzung für einen Erfolg die Bereitschaft des jungen Volljährigen, im Rahmen der Hilfeplanung und -durchführung mitzuwirken. Gleichzeitig dürfen aber nicht zu hohe Anforderungen an die Mitwirkungsbereitschaft und die tatsächliche Mitwirkung gestellt werden.

Wie bei den Hilfen zur Erziehung geht es nicht um materielle Hilfen[34], sondern um pädagogische und therapeutische Leistungen, deren Erfolge durch Leistungen zur Sicherung des Lebensunterhaltes oder der Krankenhilfe bei Bedarf abgesichert werden. Hilfen für junge Volljährige verlangen oft ein zügiges Bereitstellen von Unterstützung, weswegen der Leistungsanspruch auch nicht abgelehnt werden kann, weil ein Hilfeplanverfahren noch nicht eingeleitet oder abgeschlossenen ist.

> „Der Träger der Jugendhilfe ist zuständig, wenn eine Hilfe entsprechend dem Hilfeplan umgesetzt oder fortgeführt wird (...)
> - für Hilfen, die vor Vollendung des 18. Lebensjahres begonnen wurden und erst nach Eintritt der Volljährigkeit planmäßig beendet werden. Ein Wechsel der Hilfeform (z. B. von Vollzeitpflege auf Hilfe in einer sonstigen betreuten Wohnform) lässt die Leistungspflicht des Trägers der Jugendhilfe unberührt.
> - ... für Hilfen, die nach Vollendung des 18. Lebensjahres, aber vor Vollendung des 21. Lebensjahres beantragt werden. ...
> - (...) Der Träger der Jugendhilfe ist jedoch auch nach Vollendung des 21. Lebensjahres zuständig, wenn der Antrag vor Vollendung des 21. Lebensjahres gestellt geworden ist, die Leistungen aber erst danach einsetzen, weil das Verwaltungsverfahren des Jugendhilfeträgers einschließlich der Erstellung des Hilfeplanes aus von dem Leistungsberechtigten nicht zu beeinflussenden Gründen nicht früher abgeschlossen werden konnte“ (LWL, LJA Westfalen-Lippe 2011).

34 Bei keiner Leistung der Jugendhilfe stehen materielle Hilfen im Vordergrund. Diese sind Annexleistungen zu den pädagogischen und therapeutischen Leistungen.

Grundsätzlich werden ähnliche Anforderungen wie bei den Hilfen zur Erziehung an die Dokumentation der Entscheidungsvorbereitung und die Hilfeplanung gestellt. Abgrenzungsfragen etwa zu Hilfen gem. § 35a SGB VIII oder zu denen gem. SGB II (Hartz IV) oder SGB XII (Behindertenhilfe) gewinnen allerdings besondere Bedeutung und sollten in der Vorbereitung der Entscheidung und bei der Hilfeplanung schriftlich niedergelegt sein.

Jugendhilfe trägt dem individuellen Bedarf der jungen Volljährigen nicht in jedem Fall dadurch Rechnung, dass sie die Leistungen selbst nach dem SGB VIII gewährt, sondern auch dadurch, dass sie hilft, Ansprüche an andere geltend zu machen.

Junge Erwachsene können gem. der sogenannten *Härtefallregel* Anspruch auf Leistungen nach dem SGB II abweichend vom Regelfall auch als unter 25-jährige in eigener Wohnung erhalten.[35] Die folgende Abbildung zeigt ein Beispiel einer U-25-Bescheinigung, die einer jungen Volljährigen helfen soll, sich in eigener Wohnung über Leistungen nach dem SGB II zu verselbständigen.

Die Bescheinigung wird mit den jungen Menschen besprochen und ihnen zur Weitergabe an die zuständige Stelle ausgehändigt. Sie darf nur Angaben enthalten, die Leistung begründend sind (vgl. § 64 SGB VIII) und mit deren Verwendung die jungen Menschen einverstanden sind. Leistungsmindernde Bescheinigungen darf das Jugendamt nicht abgeben.

---

35 § 22 Abs. 5 SGB II: Sofern Personen, die das 25. Lebensjahr noch nicht vollendet haben, umziehen, werden ihnen Leistungen für Unterkunft und Heizung für die Zeit nach einem Umzug bis zur Vollendung des 25. Lebensjahres nur erbracht, wenn der kommunale Träger dies vor Abschluss des Vertrages über die Unterkunft zugesichert hat. Der kommunale Träger ist zur Zusicherung verpflichtet, wenn

1. der Betroffene aus schwerwiegenden sozialen Gründen nicht auf die Wohnung der Eltern oder eines Elternteils verwiesen werden kann,
2. der Bezug der Unterkunft zur Eingliederung in den Arbeitsmarkt erforderlich ist oder
3. ein sonstiger, ähnlich schwerwiegender Grund vorliegt.

Unter den Voraussetzungen des Satzes 2 kann vom Erfordernis der Zusicherung abgesehen werden, wenn es dem Betroffenen aus wichtigem Grund nicht zumutbar war, die Zusicherung einzuholen. Bedarfe für Unterkunft und Heizung werden Personen, die das 25. Lebensjahr noch nicht vollendet haben, nicht anerkannt, wenn diese vor der Beantragung von Leistungen in eine Unterkunft in der Absicht umziehen, die Voraussetzungen für die Gewährung der Leistungen herbeizuführen.

MUSTERORT
Die Bürgermeisterin

Jugendamt
ASD
Rathausplatz 1
00PLZ Musterort

Ansprechpartner/-in
Frau Fleißig
Zimmer 212
Tel. Vorwahl/Durchwahl
Fax: Vorwahl/Durchwahl
E-Mail: fleißig@musterort.de

Stadt Musterort – Rathaus – 00PLZ Musterort

Frau
Ellen Mustermann
zurzeit Langestraße 30
00PLZ Musterort

12. 12. 2011
Mein Zeichen:
Ihr Zeichen:
Ihr Schreiben vom

Bescheinigung zur Vorlage beim JobCenter

Frau Ellen Mustermann, geb. 29. 12. 1992, spricht hier im Jugendamt vor und berichtet: Seit Ende März sei sie mit Herrn E. G. zusammengezogen. Inzwischen habe sich erwiesen, dass sie sich von ihm trennen müsse. Ein gemeinsames Leben sei nicht mehr möglich, weil die Situationen immer häufiger entglitten. Seit einem Monat seien sie innerhalb der Wohnung getrennt. Dies habe zu keiner Entlastung geführt, sondern vielmehr zu einer Verschlimmerung der Umstände.

Vom Schulbesuch sei sie aus Gründen, die in ihrer Therapie lägen, bis Januar 2012 beurlaubt. Sie beabsichtige ihren Schulbesuch fortzusetzen und 2012 ihr Abitur zu machen.

Sie erhalte 400 Euro Unterhalt von ihren Eltern, die inzwischen getrennt lebten. Die Mutter habe einen neuen Partner und wohne mit diesem noch in der Wohnung, die für sie mit Traumata belastet sei.

Persönliche Unterstützung könne sie von ihrer Mutter, ihrer Schwester und Freunden erwarten. Die selbständige Lebensführung bereite ihr keine Schwierigkeiten.

Frau Ellen Mustermann und ihre Eltern sind mir seit dem Frühjahr 2009 bekannt.

Damals erwogen aufgrund einer wiederholten jugendpsychiatrischen Diagnose der Kinderklinik Musterhaus alle Beteiligten eine Fremdunterbringung im Rahmen der Jugendhilfe. Dazu kam es nicht, weil die Eltern keinen entsprechenden Antrag stellten. Einem solchen Antrag wäre damals statt gegeben worden.

Frau Ellen Mustermann nahm im Februar 2010 ihre ambulante Therapie auf, die sie heute noch fortsetzt.

Gespräche im Sommer 2010 mit Frau Ellen Mustermann über Möglichkeiten der Jugendhilfe für Minderjährige und junge Volljährige führten zu keinen weiteren Veranlassungen.

Stellungnahme:
Angesichts des langjährigen Krankheitsverlaufs seit 2005 mit mindestens zwei stationären Aufenthalten und der äußerst belasteten Eltern-Kind-Beziehung liegen angesichts ihrer jetzigen Entwicklung schwerwiegende Gründe dafür vor, dass Frau Ellen Mustermann nicht auf ein Wohnen im Haushalt ihrer Mutter bzw. ihres Vaters verwiesen werden kann.

Mit ambulanter Psychotherapie und bei gesichertem Unterhalt kann Frau Ellen Mustermann in einem selbständigen Leben bei strukturiertem Tagesablauf m.E. inzwischen gut zurecht kommen. Ein Bedarf auf ambulante oder stationäre Jugendhilfeleistungen ist nicht erkennbar.

Ich rege an, dass die Therapeutin von Frau Ellen Mustermann sich aktuell zu deren Ansinnen, alleine zu wohnen, äußert.

Mit freundlichen Grüßen
Im Auftrag

Fleißig
Diplom-SozialarbeiterIn

Abbildung 9: Beispiel einer Bescheinigung zur Begründung einer Härtefallregelung gem. § 22, 5 SGB II

„Es ist erstaunlich, wie wenig Information wir brauchen, um das Gefühl zu entwickeln, dass wir recht haben."

Gabor von Varga, Transaktionsanalytiker

6

Berichte und Stellungnahmen bei „Anderen Aufgaben"[36]

„Die Behörden haben versagt." – „Das Jugendamt hat die Kinder weggenommen." „Väter werden vom Jugendamt entrechtet." „Jugendkriminalität wächst – Behörden sind untätig."
Solche oder ähnliche Überschriften von Zeitungsartikeln oder Rundfunk- und Fernsehbeiträgen weisen alltäglich daraufhin, dass das Jugendamt bei verstorbenen, misshandelten, in Heimen untergebrachten, delinquenten Kindern irgendwie Mitverantwortung trägt und mit seiner Aufgabenwahrnehmung in der Kritik ist.

Die „Anderen Aufgaben der Jugendhilfe" (je nach Organisationsform in Teilbereichen vom ASD wahrgenommen) können mit weitgehenden Eingriffen in die Grundrechte von Individuen und in die von Familien verbunden sein; sie machen im Wesentlichen den Ruf des Jugendamtes in der veröffent-

36 „Andere Aufgaben" ist die Kapitelüberschrift des dritten Kapitels im SGB VIII.

lichten Meinung und im Alltagswissen der Menschen aus. Diese anderen, „hoheitlichen" Aufgaben der Jugendhilfe, die nicht dem Wahlrecht der Bürger unterliegen, hängen entweder mit der Familiengerichtsbarkeit oder der Strafgerichtsbarkeit zusammen und sind somit weitestgehend der Verwaltungsgerichtsbarkeit entzogen. Sie beziehen sich auf das Verhältnis Bürger – Staat, begründen aber keine Sozialleistungen.

Mit der Wahrnehmung dieser Aufgaben im ASD bewegen sich die Fachkräfte nicht auf vertrautem Terrain der Jugendhilfe und Sozialarbeit, sondern auf den „Turnierplätzen der Justiz".[37] Sie gibt mit einem ausgearbeiteten Regelwerk den engen Rahmen Ihres fachlichen Handelns vor, weshalb es empfehlenswert ist, diesen Rahmen zu kennen. Die mündliche und schriftliche Fachposition bezüglich der „anderen Aufgaben" ist Ausdruck der persönlichen Kompetenz der Fachkräfte und deren Visitenkarte, mit der schließlich für die Betroffenen zugrunde gelegt wird, ob beispielsweise jemand in den Arrest geht, ob ein Gutachten eingeholt, eine Sorgerechtsregelung getroffen oder eine Umgangsregelung ausgesetzt wird.

6.1 Mitwirkung in familiengerichtlichen Verfahren

Wenn Eltern sich um Sorgerecht, um Umgangsregelungen oder um andere Teilbereiche der Personensorge vor Gericht streiten, ist das Jugendamt von Gesetzes wegen involviert, in Ausübung des Wächteramtes ist das Jugendamt Initiator eines Rechtstreites vor dem Familiengericht.

Die Mitwirkung des Jugendamtes im familiengerichtlichen Verfahren ist als Erfüllung einer eigenen „anderen Aufgabe" des Jugendamtes in § 50 SGB VIII geregelt. Diese andere Aufgabe kann im Rahmen einer Delegation durch das Jugendamt auch von einem freien Träger der Jugendhilfe geleistet werden (vgl. § 76 SGB VIII), der dann die gleichen Rechte und Pflichten hat, allerdings letztlich unter Verantwortung des Jugendamtes steht. Der Einfachheit halber gehen wir im Folgenden allein von der Mitwirkung des Jugendamtes im familiengerichtlichen Verfahren aus.

37 „So schaltet das Recht nicht Normativität und moralische Zumutung aus. Es begrenzt sie, indem es auf den ‚gesetzlich geregelten Turnierplatz' der streitigen Auseinandersetzung zwingt. So handelt es sich nicht um eine Verrechtlichung der Pädagogik, sondern um das Ende der fürsorglichen Normativität und einen wichtigen Schritt auf dem Weg hin zur sozialpädagogischen Normativität" (Münder 1995, S. 302).

An die Mitwirkung im Familiengerichtsverfahren werden neben den formalen Anforderungen auch inhaltliche Anforderungen gestellt.

6.1.1 Grundsätze bei der Mitwirkung im familiengerichtlichen Verfahren

Es handelt sich bei dieser Aufgabe nicht um eine Hilfe für das Gericht, etwa im Sinne einer Amtshilfe oder einer untergeordneten Zuarbeit; es gibt keine „Familiengerichtshilfe". Das Jugendamt ist weder Organ des Gerichtes – wie ein Gerichtsvollzieher, der für die Umsetzung von Gerichtsbeschlüssen sorgt – noch ein Instrument des Gerichtes zur Beweiserhebung im Rahmen seiner eigenen Amtsermittlungspflicht oder aufgrund von Anträgen der Beteiligten, wie dies bei einem Sachverständigen der Fall ist.

Die Mitwirkung gem. § 50 SGB VIII hat Helga Oberloskamp (FamRZ 1992, S. 1243 ff.) als eine Aufgabe „sui generis" beschrieben. Diese Bezeichnung trifft trotz der zwischenzeitlichen gesetzlichen Änderungen immer noch zu.

Das Jugendamt wird in allen Verfahren, die in § 50 Abs. 1 SGB VIII genannt sind, zumindest vom Gericht angehört, kann in all diesen Verfahren gem. Familienverfahrensgesetz (FamFG) auch seine Beteiligung beantragen, sollte dies unserer Meinung nach zumindest in allen Kindschaftssachen tun. Aus der Beteiligung erwachsen dem Jugendamt Rechte und Pflichten im Verfahren wie die Pflicht zur Teilnahme an den Anhörungen oder das Recht, Anträge zu stellen.

Unabhängig von seiner Position im Verfahren nach FamFG ist für das Jugendamt ein wesentlicher Teil seiner Aufgaben im Rahmen der Mitwirkung im familiengerichtlichen Verfahren in § 50 Abs. 2 SGB VIII näher geregelt:

Bei Streitigkeiten in Kindschaftssachen hat das Jugendamt im frühen Termin (in der Regel innerhalb von vier Wochen nach Eingang eines Antrages eines Elternteiles) nach § 155 Abs. 2 FamFG über den Stand des *Beratungsprozesses* zu informieren.

Diese Vorschrift verweist darauf, dass das Jugendamt – gerade wenn ein Familiengerichtsverfahren anhängig ist – den Beteiligten die entsprechenden Sozialleistungen der Beratung und Unterstützung, etwa nach §§ 17 und 18 oder 28 SGB VIII, ggfs. aber auch andere anbieten soll.

Darüber hinaus ist in § 50 Abs. 2 SGB VIII unter anderem bestimmt, dass das Jugendamt schriftlich oder mündlich

- insbesondere über angebotene und erbrachte Leistungen unterrichtet,

- erzieherische und soziale Gesichtspunkte zur Entwicklung des Kindes oder des Jugendlichen einbringt und
- auf weitere Möglichkeiten der Hilfen hinweist.

In der Praxis halten sich – nach unserer Beobachtung – zum Beginn des dritten Jahrzehnts nach Einführung des Gesetzes noch viel zu wenige Kolleginnen und Kollegen in den Jugendämtern an diese Vorgaben. Deswegen soll diese Vorschrift näher erläutert werden.

Die Formulierung *„Das Jugendamt unterrichtet insbesondere ..."* (§ 50 Abs. 2 SGB VIII) enthält die Einladung, über angebotene und erbrachte Leistungen auf jeden Fall zu berichten, aber eben nicht nur darüber. Die Besonderheit des Einzelfalles und die sonstigen aus fachlicher Perspektive relevanten Umstände darzustellen und unter fachlichen Gesichtspunkten zu bewerten, macht die Qualität des Berichtes und der Stellungnahme aus. Damit aber in Sorgerechts- und Umgangsverfahren der Konflikt nicht genährt wird, ist Sorgfalt, Ausgewogenheit und Neutralität bei der Berichterstattung und der Stellungnahme geboten. Das, was an das Gericht geschrieben oder dort gesagt wird, sollte den Filtern unterzogen werden, die schon Sokrates[38] propagiert hat: Wahrheit, Güte, Notwendigkeit.

Der Leistungsträger der Kinder- und Jugendhilfe ist *nicht* Ermittler des Gerichtes, Sprachrohr, Berater von Eltern oder Elternteilen bzw. Anwalt des Kindes. Er wird vielmehr als Sozialleistungsträger in die Pflicht genommen darzulegen, welche Sozialleistungen (Beratung, Hilfe zur Erziehung, Krankenhilfe etc.) aufgrund welcher Umstände (die Auswirkungen auf die Kinder und Jugendlichen haben) von ihm selbst oder anderen den Personensorgeberechtigten oder den Beteiligten anzubieten bzw. von diesen anzunehmen sind.

6.1.2 Mitwirkung bei Umgangs- und Sorgerechtsregelungen

Nach § 50, Abs. 1 SGB VIII hat das Jugendamt das Familiengericht in einer nicht zu vermutenden Vielfalt von Verfahren zu unterstützen, die jede ASD-Kraft kennen solte.[39] Diese *Unterstützungspflicht* ist auch an anderen Stellen im FamFG aufgenommen (z. B. in § 176 FamFG: Pflicht zur Anhörung und

38 Siehe Die drei Siebe im Glossar.

39 § 50 SGB VIII Mitwirkung in Verfahren vor den Familiengerichten
(1) [1]Das Jugendamt unterstützt das Familiengericht bei allen Maßnahmen, die die Sorge für die Person von Kindern und Jugendlichen betreffen. [2]Es hat in folgenden Verfahren nach dem Gesetz über das Verfahren in Familiensachen und in den Angelegenheiten der freiwilligen Gerichtsbarkeit mitzuwirken:

§ 172 Abs. 2: Pflicht zur Beteiligung auf Antrag).[40] Aber auch daraus ergibt sich seitens des Familiengerichtes keine konkrete Weisungsbefugnis in Bezug auf Handlungen des Jugendamtes. Es ist hier jedoch auf Ausnahmen hinzuweisen, wie in § 50 Abs. 2, S. 2 geregelt (nach dem das Jugendamt bei der frühen Anhörung über den Stand des Beratungsprozesses informiert) oder wie in § 167 Abs. 5 FamFG (nach dem das Jugendamt Personensorgeberechtigte und andere bei der Zuführung zur Unterbringung eines Minderjährigen zu unterstützen hat). Dabei ist nicht festgelegt, wie das Jugendamt dies zu tun hat. Vielmehr handeln die Vertreterinnen des Jugendamtes nach eigenem *fachlichen Ermessen*[41] unter dem Gesichtspunkt der *Geeignetheit* und eventuell vorhandener *Regelungen* im eigenen Amt und dem *„Wohl des Kindes“* je nach anzuwendendem Gesetz, so z. B. bei

---

1. Kindschaftssachen (§§ 161 bis 177 des Gesetzes über das Verfahren in Familiensachen und in den Angelegenheiten der freiwilligen Gerichtsbarkeit),
2. Abstammungssachen (§§ 178 bis 193 des Gesetzes über das Verfahren in Familiensachen und in den Angelegenheiten der freiwilligen Gerichtsbarkeit),
3. Adoptionssachen (§§ 194 bis 207 des Gesetzes über das Verfahren in Familiensachen und in den Angelegenheiten der freiwilligen Gerichtsbarkeit),
4. Wohnungszuweisungssachen (§§ 208 bis 218 des Gesetzes über das Verfahren in Familiensachen und in den Angelegenheiten der freiwilligen Gerichtsbarkeit) und
5. Gewaltschutzsachen (§§ 219 bis 225 des Gesetzes über das Verfahren in Familiensachen und in den Angelegenheiten der freiwilligen Gerichtsbarkeit).

(2) [1]Das Jugendamt unterrichtet insbesondere über angebotene und erbrachte Leistungen, bringt erzieherische und soziale Gesichtspunkte zur Entwicklung des Kindes oder des Jugendlichen ein und weist auf weitere Möglichkeiten der Hilfe hin. [2]In Kindschaftssachen informiert das Jugendamt das Familiengericht in dem Termin nach § 165 Abs. 2 des Gesetzes über das Verfahren in Familiensachen und in den Angelegenheiten der freiwilligen Gerichtsbarkeit über den Stand des Beratungsprozesses.

40 Die Regelungen für die *Beteiligung* des Jugendamtes in den einzelnen Familiensachen finden sich für die *Kindschaftssachen* in § 151 FamFG, für die *Abstammungssachen* in § 172 FamFG, für *Adoptionssachen* in § 188 Abs. 2 FamFG, für *Ehewohnungs- und Haushaltsachen* in § 204 FamFG, für *Gewaltschutzsachen* in § 212 FamFG. Die *Anhörung* des Jugendamtes ist verpflichtend für Kindschaftssachen in § 162 Abs. 1 FamFG, für Abstammungssachen in § 176 Abs. 1, für Wohnungszuweisungssachen in § 205 FamFG, für Gewaltschutzsachen in § 213 FamFG.

41 Zu diesem fachlichen Ermessen gibt es z. B. von Landesjugendämtern Empfehlungen und Arbeitshilfen. Als Beispiel sei an dieser Stelle die des LWL Westfalen-Lippe, Landesjugendamt Münster (2011) genannt, die auch ein einfaches Flussdiagramm der Mitwirkung im Familiengerichtsverfahren enthält (S. 26). Die Arbeitshilfen halten wir allerdings für zu wenig an den Vorgaben des § 50 SGB VIII orientiert.

- streitigen Sorgerechtsregelungen geht es bei Getrenntleben und bestehender gemeinsamer elterlicher Sorge um die Regelung, welche „dem Wohl des Kindes am besten entspricht" (§ 1671 BGB),
- Getrenntleben und bei elterlicher Sorge der Mutter entweder um eine Regelung, die „dem Wohl dient", oder um eine, die „dem Wohl des Kindes nicht widerspricht" (§ 1672 BGB),
- Umgangsregelungen zwischen Kind und Eltern (§ 1684 BGB) und
- mit Freiheitsentziehung verbundener Unterbringung (§ 1631b) um Regelungen, die „zum Wohl des Kindes erforderlich" sind, oder um den Ausschluss, dass „das Wohl des Kindes gefährdet wäre".
- Umgangsreglungen zwischen Geschwistern, Großeltern und Kind oder Stiefelternteil und Kind, ob sie dem „Wohl des Kindes dienlich" sind (1685 BGB).

Als Beteiligter ist das Jugendamt in Familiengerichtsverfahren nach § 7 FamFG nur hinzuziehen, wenn es dies ausdrücklich beantragt. Über diese Möglichkeit ist es durch das Gericht zu belehren.

Das Jugendamt kann sich im Familiengerichtsverfahren durch eigene Beschäftigte vertreten lassen (§ 114 FamFG), es benötigt keine Anwälte.

Der Status des Jugendamtes bei Anhörung und bei Beteiligung ist folgendermaßen unterschieden:

Anhörung	**Beteiligung**
Das Jugendamt ist anzuhören, muss sich aber nicht äußern (außer zum Stand des Beratungsprozesses in der frühen Anhörung).	Das Jugendamt hat den Ladungen des Gerichtes – wie die anderen Beteiligten – zu folgen.
Dem Jugendamt sind die Entscheidungen bekannt zu geben.	Das Jugendamt kann Anträge zur Sache und zum Verfahren stellen, einschließlich Beschwerdebefugnis.
Das Jugendamt hat eine Beschwerdebefugnis, insofern es in seinen Rechten verletzt worden ist.	Es muss einem gerichtlich genehmigten Vergleich über Umgang oder die Herausgabe eines Minderjährigen zustimmen.
Das Jugendamt trägt formell ein geringes Kostenrisiko (§ 81 Abs. 4 FamFG).	Das Jugendamt trägt formal das Kostenrisiko von Beteiligten (§ 81 Abs. 2 FamFG), das allerdings kaum wirksam wird.

Abbildung 10: Rechte und Pflichten von Familiengericht und Jugendamt in Familiengerichtsverfahren in Bezug auf Anhörung und Beteiligung

Das Jugendamt *sollte* in den Kindschaftssachen (Verfahren um die elterliche Sorge, den Umgang, die Herausgabe eines Kindes, die Vormundschaft, die Pflegschaft, die Genehmigung einer freiheitsentziehenden Unterbringung eines Minderjährigen) seine Beteiligung beantragen.

Im Einzelnen stehen für die Sozialarbeiterin bei jeder dieser Aufgaben folgende Schritte an, wenn das Gericht durch ein Anschreiben an das Jugendamt herangetreten ist:

Sie prüft ihre sachliche und örtliche Zuständigkeit gem. §§ 86–88 SGB VIII. Der Inhalt des mündlichen oder schriftlichen Vortrags oder einer Berichtsanforderung des Gerichtes sind zur Kenntnis zu nehmen. Dabei ist zu klären, ob sich aus den Schriftsätzen dringender Handlungsbedarf ergibt. Ist letzteres nicht ersichtlich, ist die Familie im Jugendamt noch nicht bekannt und die Sozialarbeiterin nach Geschäftsverteilungsplan bzw. Straßenschlüssel tatsächlich zuständig, informiert sie die Eltern oder Umgangsberechtigten über die Leistungen und Aufgaben des Jugendamtes, ihren Beratungsanspruch, ihre Wahlmöglichkeit gem. § 5 SGB VIII.

Das Anschreiben für die Elternteile könnte folgendermaßen gestaltet sein:

MUSTERORT
Die Bürgermeisterin

Jugendamt
ASD
Rathausplatz 1
00PLZ Musterort

Stadt Musterort – Rathaus – 00PLZ Musterort

Frau/Herrn
Muster
Brandstraße 1
00PLZ Musterort

Ansprechpartner/-in
Frau Fleißig
Zimmer 212
Tel. Vorwahl/Durchwahl
Fax: Vorwahl/Durchwahl
E-Mail: fleißig@musterort.de

22.02.2012
Mein Zeichen:
Ihr Zeichen:
Ihr Schreiben vom

Ihr Familiengerichtsverfahren, Sorgerechtsregelung für Jana

Sehr geehrte ...

Das Jugendamt ist an diesem Verfahren beteiligt und vom Gericht um Bericht und Stellungnahme zu den Anträgen gebeten sowie zum Anhörungstermin geladen worden.*

In dem beschleunigten Verfahren hat das Jugendamt das Gericht über den Stand des Beratungsprozesses zu informieren.

Auf diesem Wege möchte ich Sie zum Gespräch einladen am

(Tag), den (TT.MM.JJ), gegen (SS:MM) Uhr
im Jugendamt, Hochweg 1 (Verwaltungsgebäude am Marktplatz in Musterstadt), 2. Etage, Zimmer 214.

Sie haben auch Anspruch auf Beratung und Unterstützung, worüber ich Sie gerne aufklären möchte.

Sollten Sie aus einem wichtigen Grund nicht kommen können oder lieber einen Hausbesuch wünschen, rufen Sie mich bitte an, damit wir einen neuen Termin ausmachen können. Sie können mir auch eine Nachricht auf dem Anrufbeantworter hinterlassen.

Mit freundlichen Grüßen
Im Auftrag

Fleißig
Diplom-Sozialarbeiterin

* Gesetzliche Grundlage: § 50 SGB VIII: Das Jugendamt unterrichtet insbesondere über angebotene und erbrachte Leistungen, bringt erzieherische und soziale Gesichtspunkte zur Entwicklung des Kindes oder des Jugendlichen ein und weist auf weitere Möglichkeiten der Hilfe hin. In Kindschaftssachen informiert das Jugendamt das Familiengericht in dem Termin nach § 165 Abs. 2 des Gesetzes über das Verfahren in Familiensachen und in den Angelegenheiten der freiwilligen Gerichtsbarkeit über den Stand des Beratungsprozesses.

Abbildung 11: Erstes Anschreiben an Eltern

Die Mitarbeiterin wird zudem an das Gericht schreiben:

MUSTERORT
Die Bürgermeisterin

Jugendamt
ASD
Rathausplatz 1
00PLZ Musterort

Ansprechpartner/-in
Frau Fleißig
Zimmer 212
Tel. Vorwahl/Durchwahl
Fax: Vorwahl/Durchwahl
E-Mail: fleißig@musterort.de

Stadt Musterort – Rathaus – 00PLZ Musterort

Amtsgericht
Familiengericht
Postfach
Musterort

23.02.2012
Mein Zeichen: 512-2-1
Ihr Zeichen:
Ihr Schreiben vom
10.02.2012

Familiensache Muster 122 F 12/12
Sorgerechtsregelung für Jana Muster, geb. am 23.03.2000

Ihr Schreiben vom 10.02.2012 ist hier am 22.02.2012 eingegangen.
Die Angelegenheit wird hier unter dem Aktenzeichen 51-512-1 bearbeitet.

Das Jugendamt beantragt seine Beteiligung in diesem Verfahren und erklärt gleichzeitig, dass es auf die förmliche Belehrung gem. § 7 Abs. 4 FamFG verzichtet.

Ein Kontakt mit den Eltern und mit dem Kind ist hergestellt.

Im Auftrag

Fleißig
Diplom-Sozialarbeiterin

Abbildung 12: Erstes Anschreiben an das Familiengericht

Im ersten Gespräch mit den Eltern oder beim frühen Termin im Familiengericht ist zu klären, ob aufgrund der Angaben der Eltern oder den Eindrücken von ihnen und den Kindern akuter Handlungsbedarf besteht oder ob die Eltern auf weitere Beratung verwiesen werden können, damit sie dort ein einvernehmliches Konzept zur Sorgerechts- bzw. Umgangsregelung erarbeiten.

Nach einem ersten Gespräch mit den Eltern könnte eine schriftliche Mitteilung für die frühe Anhörung wie folgt aussehen:

MUSTERORT
Die Bürgermeisterin

Jugendamt
ASD
Rathausplatz 1
00PLZ Musterort

Ansprechpartner/-in
Frau Fleißig
Zimmer 212
Tel. Vorwahl/Durchwahl
Fax: Vorwahl/Durchwahl
E-Mail: fleißig@musterort.de

Stadt Musterort – Rathaus – 00PLZ Musterort

Amtsgericht
Familiengericht
Postfach
Musterort

13.03.2012
Mein Zeichen: 512-2-1
Ihr Zeichen:
Ihr Schreiben vom
10.02.2012

Sorge- und Umgangsregelung für Jana M, geb. 23.03.2000 in Muster, wohnhaft bei der Mutter

Personalien der Eltern:

Die Eltern und ihre Tochter sind erstmals anlässlich des anhängigen Verfahrens persönlich im Jugendamt bekannt geworden.

Bislang ist ein Kontakt in einem ersten gemeinsamen Gespräch mit beiden Eltern zustande gekommen.

Nach Aufklärung der Eltern über ihre Möglichkeiten, Beratungen der Jugendhilfe oder Mediation in Anspruch zu nehmen, haben die Eltern vereinbart, bis zum Gerichtstermin eine Entscheidung darüber getroffen zu haben, ob sie Angebote der Jugendhilfe annehmen wollen.
Für diesen Fall sollten sie sich an die Beratungsstelle Elternkompass wenden, wo es für eine solche Beratung zeitnah Kapazitäten gibt.

Nach übereinstimmenden Angaben der Eltern ist die Entwicklung ihrer Tochter bislang unauffällig verlaufen.

Im Auftrag

Fleißig
Diplom-Sozialarbeiterin

Abbildung 13: Anschreiben an das Familiegericht nach Erstgespräch mit Eltern

Da der Gesetzgeber die *gemeinsame* elterliche Sorge als Regelfall auch bei Trennung und Scheidung der Eltern sowie den Umgang zwischen dem Kind und dem Elternteil, bei dem das Kind nicht lebt, grundsätzlich für das Wohl eines jeden Kindes als erforderlich ansieht, haben die Eltern auch nach der Trennung in gemeinsamer Verantwortung weiterhin alle wichtigen Angelegenheiten des Kindes zu regeln. Sie und alle beteiligten Institutionen haben daher stets auf *einvernehmliche* Regelungen hinzuwirken. In besonderen Konfliktsituationen (etwa bei häuslicher Gewalt) oder besonders hartnäckigen Konflikten (etwa bei süchtigen oder neurotisch fehlentwickelten Eltern oder bei einem Verdacht auf Kindeswohlgefährdung) und bei hochstrittigen Paaren können umfangreiche fachlich fundierte Berichte und Stellungnahmen des Jugendamtes erforderlich sein.

Bleibt die Regelung weiterhin strittig, erhebt die Sozialarbeiterin relevante Fakten (*Anamnese*) und legt einen Befund (*Diagnose*) vor, den sie erklärt und auf dessen Grundlage sie eine mögliche Entwicklung voraussieht (*Prognose*). Dies dient dazu, um Vorschläge für weitere Hilfen u. a. an die Eltern, das Gericht, den Vormund, den Gutachter zu unterbreiten. In diesem Fall hat das Jugendamt einen Bericht und eine fachlich fundierte Stellungnahme auf der Basis des Berichtes abzugeben. Die *Gliederung eines Berichtes mit Stellungnahme* könnte wie in Abb. 14 auf der folgenden Seite aussehen.

Wenn die Sozialarbeiterin einen Bericht und eine Stellungnahme gem. § 50 SGB VIII abgibt, ist sie in ihrer Fachlichkeit in besonderer Weise gefordert; ein Umstand, dem spezielle Aufmerksamkeit zu schenken ist.

Zentrale Norm für ihre Bewertungen, Entscheidungen und ihr Handeln bei einer strittigen Mitwirkung ist der *unbestimmte Rechtsbegriff „Wohl des Kindes“*, das gefährdet ist, dem etwas nicht widersprechen darf, etwas dienlich sein muss oder für das etwas erforderlich sein muss. Darüber glauben alle Menschen Bescheid zu wissen. Jedermann hofft und denkt, dass alle Eltern wissen, was das Beste für ihr Kind ist. Dabei wird geflissentlich übersehen, dass ein Unterschied besteht zwischen „das Beste wollen“, „das Beste kennen“ und „das Beste umsetzen“. Eltern und Kinder führen über diesen Unterschied in allen Phasen ihres Zusammenlebens, meist auch über die Ablösungsphase hinaus, teils sehr heftige Auseinandersetzungen. In jeder Hinsicht (medizinisch, psychologisch, pädagogisch, juristisch) ist das Wohl des Kindes äußerst schwer bestimmbar.

Die Juristen, die im Streitfall letztendlich entscheiden und somit die Definitionsmacht haben, orientieren sich bei ihren Entscheidungen an der Entwicklung des Kindes zu einer autonomen, gemeinschaftsfähigen Persönlichkeit. Sie beziehen sich zu dessen Beurteilung auf einige Prinzipien wie Kontinuitäts- und Förderprinzip, die Fähigkeiten der Eltern zur Kooperation

Aufriss/Rubrum

Betreff

Personalien mit Kontaktdaten

Anlass/Anträge

Berichtsgrundlagen/Quellen

Inhaltsverzeichnis bei längeren Berichten

Bericht insbesondere zu

1. angebotenen und erbrachten Leistungen
2. erzieherischen und sozialen Gesichtspunkten zur Entwicklung des Minderjährigen
3. weitere Möglichkeiten der Hilfe und
4. ggfs. zum Verlauf des Beratungsprozesses
5. aber auch über
   Angaben der Beteiligten, chronologisch und nach Beteiligten geordnet
   Angaben Dritter (z. B. Lehrpersonen, Kindertagesbetreuerinnen, Ärztinnen)
   Wiedergabe von Dokumenten/Diagnosen Dritter
   Eigene Beobachtungen
   Getroffene Vereinbarungen

Zusammenfassung

Prognose, Stellungnahme, Empfehlungen unter Berücksichtigung des Gesetzes, nach der das Familiengericht zu entscheiden hat

Grußformel mit Unterschrift
Hinweis auf Anlagen

Abbildung 14: Gliederung eines Berichtes und einer Stellungnahme im Familiengerichtsverfahren

mit dem anderen Elternteil und ggf. mit Institutionen, der Bindungstoleranz (u.a. Toleranz der Bindungen des Kindes zu dem anderen Elternteil) sowie die Bindungen des Kindes und – je nach Alter – den Kindeswillen.

Solche Auffassungen spiegeln sich nicht nur in höchstrichterlichen Entscheidungen wider. Sie wirken vielmehr hinein in das Aufgabengebiet der Sozialarbeiterin. Sie kann das „Wohl eines Kindes" in der Unbestimmtheit und Diffusität belassen, immer wieder im Munde führen und so tun, als ob alle wüssten, worüber sie rede, aber auch aus genuiner sozialarbeiterischer Sicht den Begriff unter fachlichen Gesichtspunkten unterteilen. In einem strittigen Fall hat sie für jedes einzelne Kind mit oder ohne Eltern zu definieren, ob das Kind sich jenseits oder diesseits des Kindeswohls befindet. Ihre Definition muss so sein, dass sie für das Kind und die Eltern annehmbar ist. Das bedeutet dreierlei:

1. Jeder Einzelfall ist grundlegend neu zu definieren bzw. zu beurteilen, was umfangreiches, stets aktualisiertes, in Facetten vielfältiges (z.B. in Be-

zug auf Lebenswelten, soziale Schichten usw.) theoretisches Wissen verlangt.
2. Weiter bedeutet diese Notwendigkeit der Neudefinition für die Arbeit der Sozialarbeiterin, dass sie nicht unter „Normalbedingungen“ diese Definition vornehmen kann, sondern in einer Krisensituation der Eltern und des Kindes.
3. Schließlich bedeutet die jeweils neue Definition für speziell das Wohl des Kindes, dass die Sozialarbeiterin diese nachvollziehbar, transparent und verständlich Eltern, Einrichtungen, Vertretern anderer Professionen wie Rechtsanwälten und Richtern, aber auch dem Kind darlegt.

Ob im Rahmen von Mitwirkung, Inobhutnahme, Hilfe zur Erziehung oder bei der Beratung in Fragen der Partnerschaft sind diese genannten Überlegungen in jedem Fall neu. Sie verändern sich mit der Zeit oft.

Für ihren Bericht erhebt die Sozialarbeiterin eine *Anamnese*[42] mit folgenden Eckdaten:

- die *wirtschaftlichen und persönlichen Verhältnisse* der Familienmitglieder,
- die *Rollenstruktur* in der Ehe und der Familie,
- die *entwicklungsbiologischen Daten* z.B. über sozial bedeutsame Krankheiten, Unfälle oder Vorkommnisse, Behinderungen,
- die entwicklungspsychologischen *Daten* über die frühkindliche Entwicklung von Eltern und Kindern, das praktizierte *Verhalten* der Eltern, deren Stellungen in den Geschwisterreihen,
- die Wechsel von *Bezugspersonen*, auch Umzüge,
- die *berufliche* Situation von Eltern,
- die Situation des *Babys* oder *Kleinkindes*,
- die schulische Situation der *älteren Kinder*,
- das *Freizeitverhalten* der Eltern und Kinder,
- deren *soziale Kontakte*,
- die Einstellung der Befragten zu den Befunden (*Selbstbild*),
- den aktuellen *Anlass der Begegnung*,
- die für die Konflikte bzw. deren Regelung relevanten *Normen* und Wertvorstellungen,
- die *Streitfragen* und
- die *Definition des Problems*.

42 Ein mehr auf das Erleben gerichtetes Schema für die Aufnahme einer Familiengeschichte findet sich bei Satir, V. (2003) Familienbehandlung, S. 157, andere wie ressourcen- oder systemorientierte mit Genogrammen können ebenfalls genutzt werden; vgl. zur Anamnese auch Vent, H. 1986, S. 40f.

Bei der Auswertung der erhobenen Informationen, der Erstellung des Befundes oder der Prognose hat die Sozialarbeiterin *subjektive Komponenten* von zweierlei Art zu berücksichtigen:

a) jene, welche die Auskunftspersonen (Eltern, Kinder, ggf. andere Familienmitglieder, Erzieherinnen, Lehrerinnen etc.) in Meinungen, Wertungen, Deutungen, eventuell auch durch Verschweigen eingebracht bzw. nicht eingebracht haben, und
b) Überlegungen, die durch ihre eigenen Vorzugstendenzen die Auswahl, Bewertung oder Übernahme von Informationen beeinflussen, wie z. B. Sympathie oder Antipathie der Auskunftsperson gegenüber.

MUSTERORT
Die Bürgermeisterin

Jugendamt
ASD
Rathausplatz 1
00PLZ Musterort

Ansprechpartner/-in
Frau Fleißig
Zimmer 212
Tel. Vorwahl/Durchwahl
Fax: Vorwahl/Durchwahl
E-Mail: fleißig@musterort.de

Stadt Musterort – Rathaus – 00PLZ Musterort

Amtsgericht
Familiengericht
Postfach
Musterort

15.04.2012
Mein Zeichen:
Ihr Zeichen:
Ihr Schreiben vom
15.03.2012

Sorge- und Umgangsregelung für Jana Mustermann, geb. 23.03.2000, geb. in Muster, wohnhaft bei der Mutter

Personalien der Eltern:
Maria Mustermann, geb. Probe, geb. 13.05.1967 in Musterort, wohnhaft Brandstraße 1, Musterort

Josef Mustermann, geb. 24.03.1961, Musterort, wohnhaft seit dem in Alte Straße 2 in Musterstadt

Mit Schreiben vom 05.01.2011 teilte das Amtsgericht Musterort dem Jugendamt gem. § 17 Abs. 3 SGB VIII mit, dass das Ehescheidungsverfahren der damaligen Eheleute Mustermann anhängig sei, Sorgerechtsanträge seien nicht gestellt. Das daraufhin vom Jugendamt verschickte Informationsschreiben an die Eltern, in dem auf das Beratungsangebot in Fragen der Partnerschaft, Trennung und Scheidung aufmerksam gemacht wurde, blieb seitens der Eltern ohne Resonanz ans Jugendamt.

Im Hinblick auf die Mediation, welche die Eltern noch im Februar 2012 aufgenommen hatten, wurde das Verfahren zunächst unterbrochen. Die Eltern wollten dem Gericht einen Vergleich vorlegen. Dieser Plan scheiterte wegen Schwierigkeiten der Umgangsregelung für Jana, so dass der Vater mitteilen ließ, er halte seinen Antrag auf Umgangsregelung aufrecht. Er beantragte im Übrigen wöchentliche Umgangskontakte. Die Mutter beantragte die gemeinsame elterliche Sorge aufzuheben und ihr allein das Sorgerecht für Jana zu übertragen.

Berichtsgrundlage für diesen Bericht und diese Stellungnahme sind die Antragsschrift vom 28.02.2012 sowie die Erwiderung darauf vom 12.03.2012.

Mit Frau Mustermann fanden drei Gespräche im Jugendamt statt.

Jana lernte ich in ihrer häuslichen Umgebung kennen.

In Bezug auf Herrn Mustermann bat ich das Jugendamt Musterstadt um Amtshilfe. Wie bereits im Schreiben vom 02.04.2012 mitgeteilt, ist Herr Mustermann der dortigen Gesprächseinladung nicht gefolgt.

Da kein Gespräch mit Herrn Mustermann zustande gekommen ist und insofern auch keine detaillierten Äußerungen von ihm vorliegen, kann seine Position nur entsprechend der Inhalte aus dem Erstgespräch und den Antragsschreiben berücksichtigt werden.

Mit **Frau Mustermann** sprach ich über ihre eigene Lebensgeschichte, die Ehezeit, die Gründe für die Trennung, über die Entwicklung des Kindes und ihre Gründe für den Sorgerechtsantrag.

Frau Mustermann berichtete, dass sie als Jugendliche ihr Elternhaus verlassen habe und mit ihrem späteren Mann bei dessen Eltern zusammen lebte.

Ihre Trennung als Ehepaar sei erfolgt, als Jana fast elf Jahre alt gewesen sei, also Ende 2010. Man habe sich auseinander gelebt. Die Trennung als Paar sei nicht einfach gewesen, Absprachen hätten aber getroffen werden können und seien eingehalten worden, auch bezüglich Jana. In Fragen der Erziehung hätten sie als Eltern ähnliche Vorstellungen gehabt.

Die geplante Mediation sei nach einem Gespräch gescheitert, weil Herr Mustermann im Februar 2012 unvermittelt nach Musterstadt zu seiner Freundin verzogen sei. In Musterort habe er alles abgebrochen (Arbeit und Beziehungen). Er zahle keinen Unterhalt mehr, und Vereinbarungen mit ihm seien nicht möglich. Insbesondere seien hier die Besuchskontakte zu nennen. Der Vater lasse sich bis heute auf keine geregelte und feste Zusage für die Besuchskontakte mit Jana ein, weil er im Schichtdienst arbeite.

Frau Mustermann erwägt, mit ihrem Kind in Zukunft nach Köln umzuziehen, wo ihr neuer Partner, den sie übers Internet kennegelernt habe, lebe und arbeite. Dies sei jedoch noch nicht konkret.

Frau Mustermann beantragt ihren Angaben zufolge das alleinige Sorgerecht, weil zwischen ihr und dem Vater ihres Kindes keine Kommunikation möglich sei, damit sie für Jana entsprechende wichtige Entscheidungen treffen könne.

So habe sie die Umschulung von Jana zur Schule mit dem Förderschwerpunkt Lernen letztlich ohne die Zustimmung des Vaters umsetzen müssen, weil der Vater seine Zustimmung zum Schulwechsel versagt habe. Er lehnt die Schule ab.

Herr Mustermann habe ihr allerdings zwei- bis dreimal zugesichert, dass ein solcher Schulwechsel, sollte er von ihr gestellt werden, von ihm unterstützt würde.

Bei Telefonaten oder anderen Anlässen frage der Vater nie danach, wie es Jana gehe, wolle über diese auch nichts wissen und bekomme aufgrund der räumlichen Entfernung von ihr nichts mit. Mehrfach habe er signalisiert, dass Jana ihm inzwischen „egal" sei.

Frau Mustermann lebt von ergänzenden Leistungen zum Lebensunterhalt. Als ausgebildete Bürokauffrau arbeite sie seit zehn Jahren nicht mehr. Durch die ARGE sei ihr eine Tätigkeit als Reinigungskraft bei einem Wohlfahrtsverband vermittelt worden. Sie arbeite in der Woche während der Schulzeit von Jana insgesamt zehn Stunden.

Frau Mustermann und Jana bewohnen eine geräumige Dreizimmerwohnung im Obergeschoss eines Zweifamilienhauses in einer verkehrsberuhigten guten Wohnlage im Norden von Musterort.

Aus den Schriftsätzen geht hervor, dass **Herr Mustermann** in Musterstadt mit seiner Partnerin, Frau Ruth C., zusammen lebt. Das Paar hat eine gemeinsame drei Monate alte Tochter. Frau C. hat zwei Kinder im Alter von elf und sieben Jahren.

Herr Mustermann hat seine Gründe im Anwaltsschriftsatz vom 29.02.2012 vortragen lassen, weswegen er der Übertragung der alleinigen Sorge auf seine geschiedene Frau widerspricht. Er lässt schreiben, er sei „an dem Schicksal von Jana sowie an der Aufrechterhaltung der Kontakte zu ihr erheblich interessiert". Die Behauptung, „eine Kommunikation der Parteien im Hinblick auf die Belange von Jana finde nicht mehr statt, ist unzutreffend". Der Umschulung Janas habe er sich nicht „verschlossen bzw. hierfür die Einwilligung versagt". Als „sachlicher Unfug" werde die Darstellung der Mutter betrachtet, dass Jana dem Vater „völlig gleichgültig" sei. Als Beleg dafür, dass dies nicht so sei, wird der Besuchskontakt von Jana über Ostern 2012 beim Vater angeführt; an anderer Stelle wird jedoch eingeräumt, dass „der Kontakt des Antragsgegners zu seiner Tochter erst nach Abfassung des Schriftsatzes vom 25. März 2012 aufgenommen worden ist".

Zu Jana:
Ihr gemeinsamer Kinderwunsch, so Frau Mustermann, sei nur durch eine künstliche Befruchtung umzusetzen gewesen.

Jana habe eine bislang altersentsprechende Entwicklung genommen.

Jana habe den Kindergarten besucht. Dort habe sie sich wenig alleine beschäftigen können und wenig funktionelles Spiel gezeigt, sie habe der Anleitung bedurft.

Mit sieben Jahren sei sie eingeschult worden. Bei Jana habe sich bei der Schuluntersuchung nicht abgezeichnet, dass sie schulisch den Anforderungen der Regelschule auf Dauer nicht entsprechen könne. Jana sei von der Klassenlehrerin schnell „abgeschrieben" worden, zudem habe die Schule wenig mit den Eltern kooperiert. Seitdem Jana die Förderschule besuche, gehe es ihr gut.

Nach Auffassung von Frau Mustermann ist das Selbstbewusstsein von Jana noch nicht gut entwickelt. Sie sei sehr sensibel.

Jana bezeichnete sie als „tickende Zeitbombe", die sich sehr aggressiv verhalten könne, wenn sie explodiere. Sie sei viel und gerne draußen und wolle gerne in einem Fußballverein spielen.

Für Jana ist – nach Angaben der Mutter – die Teilnahme an einer Scheidungskindergruppe bei der Beratungsstelle angedacht. Frau Mustermann plant mit ihr eine Mutter-Kind-Kur.

Schwierig für Jana zu verstehen sei, so Frau Mustermann, warum die Eltern nicht mehr miteinander sprechen, aber insbesondere, warum der Vater sie nicht regelmäßig besuchen wolle. Sie stelle in diesem Zusammenhang immer wieder die Frage, ob der Vater sie noch lieb habe. Sie selbst könne das Verhalten des Vaters ihrer Tochter nicht mehr plausibel vermitteln. Solange der Vater nicht Regelmäßigkeit und Verlässlichkeit bei den Kontakten zusichere, lasse sie keine Besuche mehr zu, weil die bisherige Handhabung der Besuche von Seiten des Vaters das Wohl der Kinder gefährde. Jana warte manchmal vergebens auf den Vater, was sie enttäusche und verletze.

Vor kurzem sei bei den Telefonaten des Vaters mit Jana insofern eine Besserung eingetreten, als dass der Vater Jana nunmehr aus den Streitigkeiten der Erwachsenen heraushalte. Der Vater wisse, so Frau Mustermann, dass sie seine Gespräche mit Jana über den Lautsprecher des Telefons mithöre.

Jana sprach ich alleine am ersten Ferientag in ihrer häuslichen Umgebung.
Jana ist deutlich übergewichtig. Sie zeigte sich sehr interessiert, sie gab bereitwillig Auskunft, und es war angenehm, sich mit ihr zu unterhalten.

Ich nutzte die Gelegenheit, ihr den Ablauf ihrer Anhörung beim Amtsgericht zu erklären. Jana hatte sofort den Vergleich mit den täglich im Fernsehen ausgestrahlten Gerichtsshows parat.

Sie berichtete über mögliche, aber wohl noch nicht fest vereinbarte Ferienaktivitäten. Sie erzählte, zum Geburtstag Inliner von der Mutter geschenkt bekommen zu haben, mit denen sie gut fahren könne. Enttäuscht äußerte sie sich über das Verhalten des Vaters, der sie nicht regelmäßig besuchen komme, weil er angeblich kein Geld dafür habe. Sie erwarte aber am Abend meines Besuches einen Anruf vom Vater. Sie erwähnte auch die Pläne der Mutter, mit ihr nach Köln umzuziehen, was bei ihr aber nicht sehr konkret klang. Den neuen Partner der Mutter sprach sie nicht an.

Jana berichtete über sich, dass sie froh sei, die neue Schule zu besuchen; die jetzige Schule sei gut. Ab dem nächsten Schuljahr besuche sie die vierte Klasse. Sie wolle gerne in einem Fußballverein spielen.

Stellungnahme:
Selbst für Eltern, die gut miteinander kooperieren, stellt eine Entfernung, wie sie zwischen Musterort und Musterstadt gegeben ist, schon eine gewisse Hürde für die Ausübung des gemeinsamen Sorgerechts dar. Die Schwierigkeiten, die sich durch räumliche Entfernungen ergeben, werden jedoch vervielfacht, wenn, wie bei Familie Mustermann, die Kommunikation zwischen den Eltern nicht mehr funktioniert. Dies ist jedoch Grundvoraussetzung, um im Sinne der vom Gesetzgeber gewollten gemeinsamen Ausübung der elterlichen Sorge einvernehmliche Entscheidungen für das gemeinsame Kind treffen zu können. Diese Grundvoraus-

setzung ist hier zurzeit nicht mehr gegeben. Beispiel für solch eine misslungene Kommunikation in einer Angelegenheit von erheblicher Bedeutung mit entsprechenden Entscheidungsverzögerungen und letztlich eigenmächtiger Entscheidung der Mutter ist die Umschulung Janas zur Förderschule mit dem Schwerpunkt Lernen im Frühjahr 2012. Insofern ist es aus Sicht der Mutter konsequent, den Antrag auf Übertragung des Sorgerechtes auf sie alleine gestellt zu haben.

Die Schwierigkeiten, die die Eltern miteinander wegen der Regelung der Folgen ihrer Trennung und Scheidung haben, treffen Jana derart, dass sie leidet und körperliche Symptome zeigt. Sie benötigt auch nach Erkenntnis ihrer Mutter weitere therapeutische Hilfe. Die Ursache ihrer Schwierigkeiten scheint im Elternkonflikt zu liegen.

In der Beratungsstelle Elternkompass bestünde für die Eltern weiterhin die Möglichkeit, z. B. freitags nachmittags Termine für eine Beratungsreihe zu erhalten, damit sie dort die Schwierigkeiten hinsichtlich der Umgangsregelung und Fragen der elterlichen Sorge wie den von Frau Mustermann geplanten Umzug und die Regelung seiner Folgen gemeinsam besprechen können.

Es sind hier im Übrigen keine Umstände bekannt geworden, die bei Aufhebung der gemeinsamen elterlichen Sorge gegen deren Übertragung auf die Mutter allein sprächen.

Im Auftrag

Fleißig
Diplom-Sozialarbeiterin

Abbildung 15: Bericht und Stellungnahme bei Mitwirkung

6.1.3 Mitteilungen gem. § 8a SGB VIII

Eine anonyme Anruferin teilt der Bezirkssozialarbeiterin, Frau Fleißig, mit, in ihrer Nachbarschaft lebe eine Familie mit drei kleinen Kindern, um die sich das Jugendamt kümmern müsse. Aus der Wohnung rieche es nach Kot und Urin, es sei immer zu laut, die Jalousien seien bis mittags heruntergezogen. Man höre die Mutter die Kinder anschreien und sehe die Kinder kaum. Beim Hausbesuch in einer Wohnung mit Müllbergen und schmutzverkrusteten Kleinkindern erklären die Eltern, sie dächten nicht daran, mit dem Jugendamt zu reden. Alles sei ihre Privatsache. Sie verweisen Frau Fleißig und ihren Kollegen der Wohnung.

Solche oder ähnliche Mitteilungen erreichen Frau Fleißig mehrmals monatlich. Nach dem Ergebnis der kollegialen Beratung macht Frau Fleißig eine Mitteilung an das Familiengericht, weil sie dessen Tätigwerden für erforderlich hält.

Fachkräfte im ASD sind durch Gesetz und Dienstanweisung verpflichtet, Gefährdungsrisiken für Kinder einzuschätzen und ggfs. abzuwenden oder das Gericht anzurufen. Ob Gefährdungsrisiken vorliegen und was zu tun ist, wird in Jugendämtern i. d. R. nach standardisierten Verfahren erhoben.

Hat die Sozialarbeiterin gem. § 8a Abs. 2 Satz 1 SGB VIII[43] das Gericht angerufen, berücksichtigt der Aufbau eines Berichtes und einer Stellungnahme neben den o. g. Kriterien, die sich aus § 50 SGB VIII ergeben, besonders

---

43 § 8a SGB VIII Schutzauftrag bei Kindeswohlgefährdung (in der Fassung vom 01.01.2012)

(1) [1]Werden dem Jugendamt gewichtige Anhaltspunkte für die Gefährdung des Wohls eines Kindes oder Jugendlichen bekannt, so hat es das Gefährdungsrisiko im Zusammenwirken mehrerer Fachkräfte einzuschätzen. [2]Soweit der wirksame Schutz dieses Kindes oder dieses Jugendlichen nicht in Frage gestellt wird, hat das Jugendamt die Erziehungsberechtigten sowie das Kind oder den Jugendlichen in die Gefährdungseinschätzung einzubeziehen und, sofern dies nach fachlicher Einschätzung erforderlich ist, sich dabei einen unmittelbaren Eindruck von dem Kind und von seiner persönlichen Umgebung zu verschaffen. [3]Hält das Jugendamt zur Abwendung der Gefährdung die Gewährung von Hilfen für geeignet und notwendig, so hat es diese den Erziehungsberechtigten anzubieten.

(2) [1]Hält das Jugendamt das Tätigwerden des Familiengerichts für erforderlich, so hat es das Gericht anzurufen; dies gilt auch, wenn die Erziehungsberechtigten nicht bereit oder in der Lage sind, bei der Abschätzung des Gefährdungsrisikos mitzuwirken. [2]Besteht eine dringende Gefahr und kann die Entscheidung des Gerichts nicht abgewartet werden, so ist das Jugendamt verpflichtet, das Kind oder den Jugendlichen in Obhut zu nehmen.

(3) [1]Soweit zur Abwendung der Gefährdung das Tätigwerden anderer Leistungsträger, der Einrichtungen der Gesundheitshilfe oder der Polizei notwendig ist, hat das Jugendamt auf die Inanspruchnahme durch die Erziehungsberechtigten hinzuwirken. [2]Ist ein sofortiges Tätigwerden erforderlich und wirken die Personensorgeberechtigten oder die Erziehungsberechtigten nicht mit, so schaltet das Jugendamt die anderen zur Abwendung der Gefährdung zuständigen Stellen selbst ein.

(4) [1]In Vereinbarungen mit den Trägern von Einrichtungen und Diensten, die Leistungen nach diesem Buch erbringen, ist sicherzustellen, dass

1. deren Fachkräfte bei Bekanntwerden gewichtiger Anhaltspunkte für die Gefährdung eines von ihnen betreuten Kindes oder Jugendlichen eine Gefahrdungseinschätzung vornehmen,
2. bei der Gefahrdungseinschätzung eine insoweit erfahrene Fachkraft beratend hinzugezogen wird sowie

die im § 8a SGB VIII vorgeschriebene Vorgehensweise und legt dar, was sie unternommen hat, um die Personensorgeberechtigten zur Einschätzung der Gefährdung bzw. zur Abwendung des Gefährdungsrisikos zu bewegen und welche Hilfe sie zur Abwendung eines Gefährdungsrisikos oder einer Kindeswohlgefährdung annehmen müssten. Sie kann auch weitere Empfehlungen abgeben.[44]

Ein solches Schreiben könnte etwa folgende Inhalte haben:

---

3. die Erziehungsberechtigten sowie das Kind oder der Jugendliche in die Gefährdungseinschätzung einbezogen werden, soweit hierdurch der wirksame Schutz des Kindes oder Jugendlichen nicht in Frage gestellt wird.

   [2]In die Vereinbarung ist neben den Kriterien für die Qualifikation der beratend hinzuzuziehenden in soweit erfahrene Fachkraft insbesondere die Verpflichtung aufzunehmen, dass die Fachkräfte der Träger bei den Erziehungsberechtigten auf die Inanspruchnahme von Hilfen hinwirken, wenn sie diese für erforderlich halten, und das Jugendamt informieren, falls die Gefährdung nicht anders abgewendet werden kann.

(5) [1]Werden einem örtlichen Träger gewichtige Anhaltspunkte für die Gefährdung des Wohls eines Kindes oder eines Jugendlichen bekannt, so sind dem für die Gewährung von Leistungen zuständigen örtlichen Träger die Daten mitzuteilen, deren Kenntnis zur Wahrnehmung des Schutzauftrags bei Kindeswohlgefahrdung nach § 8a erforderlich ist. [2]Die Mitteilung soll im Rahmen eines Gespräches zwischen den Fachkräften der beiden örtlichen Träger erfolgen, an dem die Personensorgeberechtigten sowie das Kind oder der Jugendliche beteiligt werden sollen, soweit hierdurch der wirksame Schutz des Kindes oder des Jugendlichen nicht in Frage gestellt wird.

44 Ähnliches gilt für ihr Handeln bei Inobhutnahme gem. § 42 SGB VIII, dort heißt es in Absatz 3:

„[1]Das Jugendamt hat im Fall des Absatzes 1 Satz 1 Nr. 1 und 2 die Personensorge- oder Erziehungsberechtigten unverzüglich von der Inobhutnahme zu unterrichten und mit ihnen das Gefährdungsrisiko abzuschätzen. [2]Widersprechen die Personensorge- oder Erziehungsberechtigten der Inobhutnahme, so hat das Jugendamt unverzüglich

1. das Kind oder den Jugendlichen den Personensorge- oder Erziehungsberechtigten zu übergeben, sofern nach der Einschätzung des Jugendamtes eine Gefährdung des Kindeswohls nicht besteht oder die Personensorge- oder Erziehungsberechtigten bereit und in der Lage sind, die Gefährdung abzuwenden oder
2. eine Entscheidung des Familiengerichts über die erforderlichen Maßnahmen zum Wohl des Kindes oder des Jugendlichen herbeizuführen.

[3]Sind die Personensorge- oder Erziehungsberechtigten nicht erreichbar, so gilt Satz 2 Nr. 2 entsprechend. Im Fall des Absatzes 1 Satz 1 Nr. 3 ist unverzüglich die Bestellung eines Vormundes oder Pflegers zu veranlassen. Widersprechen die Personensorgeberechtigten der Inobhutnahme nicht, so ist unverzüglich ein Hilfeplanverfahren zur Gewährung einer Hilfe einzuleiten."

Zum Inhalt der Mitteilung	Zur Begründung für den Inhalt
Gegenstand der Stellungnahme (gesetzliche Grundlage)	Es muss deutlich sein, was Gegenstand eines Verfahrens ist.
Im Einzelnen sollten aufgeführt sein:	
Personalien und Anschriften aller Beteiligten inklusive Geburtsort und Staatsangehörigkeit und Kontaktmöglichkeiten (Telefonnummer, E-Mail-Adresse)	Im Zuge eines frühen Termins müssen die Verfahrensbeteiligten, wie Verfahrensbeistand, Eltern oder Personensorgeberechtigte, schnell zu Absprachen erreichbar sein können.
Berichtsgrundlagen: Anzahl, Art, Datum und Inhalte der Kontakte mit Beteiligten oder Dritten und Berichte anderer	Die Benennung von Berichtsgrundlagen ist Qualitätsmerkmal.
Anlass der Mitteilung (z. B. die Personensorgeberechtigten wirken nicht mit bei der Einschätzung eines Gefährdungsrisikos, in dem sie …)	Es muss ersichtlich sein, dass das Jugendamt versucht hat, die Personensorgeberechtigten oder andere Beteiligte zu geeigneten Schritten für die Einschätzung oder Abwendung der Gefährdung zu bewegen.
Angebotene und erbrachte *Leistungen* (z. B. Diagnose in der Kinder- und Jugendpsychiatrie in der Zeit von … bis … mit der Empfehlung ….)	Das Jugendamt muss darlegen, dass es den Eltern oder Personensorgeberechtigten geeignete Hilfen angetragen hat, was dabei ggfs. erreicht worden ist, oder dass die Eltern auch selbst welche eingeleitet haben.
Bekannte *Gerichtsverfahren* (z. B.: Die Ehe der Eltern wurde am … in … geschieden, Az…, das Aufenthaltsbestimmungsrecht der Mutter übertragen)	Dadurch wird u. a. ersichtlich, welche juristischen Anforderungen bestehen: Geht es z. B. um einen Eingriff gem. §§ 1666, 1666a BGB oder um eine Sorgerechtsänderung gem. § 1696 BGB, sind gerichtlich genehmigte Vergleiche zur Umgangsregelung schon gescheitert odgl.
Anamnese und Fremdanamnese der Familienmitglieder	Es muss deutlich sein, welche Ressourcen und Handicaps die Personensorgeberechtigten in Bezug auf die Bewältigung der aktuellen Aufgabe mitbringen, welche Erziehungsideale und -ziele sie haben, wie die Kinder gefördert werden müssen.
Elternwille und Hilfeakzeptanz	Der Wille und die Bereitschaft, Hilfe anzunehmen, sind entscheidend in Bezug auf sorgerechtliche Maßnahmen und Jugend- oder andere Hilfen.
Kindeswille und Hilfeakzeptanz	Je älter die Minderjährigen sind, umso stärker spielt es eine Rolle, welche Hilfen anzunehmen sie bereit sind.
Konstantes Erleben und *Verhalten* des Kindes und seiner Hauptbezugspersonen	Was muss man berücksichtigen, worauf kann man bauen?

Zum Inhalt der Mitteilung	Zur Begründung für den Inhalt
Einschätzung und Bewertung dieses Verhaltens in Bezug auf dessen Auswirkungen auf das (körperliche, geistige und seelische) Wohl oder die Entwicklung des Kindes	Es muss nachvollziehbar sein, warum das Jugendamt das Verfahren angeregt hat und welche weiteren Hilfen geeignet sein können.
Erklären des *Befundes* in Bezug auf die vorhandenen Defizite oder zu erwartender Defizite	Diagnose und Prognose liefern Hinweise auf eingetretene und mit sehr großer Wahrscheinlichkeit zu erwartende Schädigungen.
Zusammenfassung der wichtigsten Tatsachen	erleichtert den Überblick
Nennung der Positionen und Konfliktpunkte	
Hinweise auf *weitere Hilfen* (z. B. von Sozialleistungen und Sorgerechtsmaßnahmen)	vorgeschrieben in § 50 SGB VIII
Abwägung verschiedener *Alternativen* aus fachlicher Sicht	Ausweis der Qualität der Fachbehörde, Kernstück sozialarbeiterischer Überzeugungsarbeit
Empfehlungen an die Beteiligten	Die Personensorgeberechtigten müssen darauf hingewiesen werden, was sie zur Abwendung einer Gefährdung tun können oder müssten (§ 1666 BGB).
Vorschlag in Bezug auf Maßnahmen des Gerichtes, ggf. Antrag odgl. (z. B. Bestellung eines Verfahrensbeistandes, Anforderung von Schulberichten, Dokumenten von Polizei oder Staatsanwaltschaft, Erlass einer einstweiligen Anordnung, Erteilung einer Auflage, Einholung eines Gutachtens)	Das Gericht muss wissen, was das Jugendamt aus welchen Gründen anstrebt.
Ggfs. *Vorschlag* eines Vormundes oder Pflegers	Einzelvormundschaften sind Amtsvormundschaften vorzuziehen, andererseits kann die Einrichtung einer Vormundschaft oder Pflegschaft des Jugendamtes nicht abgelehnt werden.

Abbildung 16: Inhalte einer Mitteilung gem. § 8a SGB VIII und deren Begründungen

An das zuständige Gericht gewendet, würden diese Bearbeitungen in eine formale Mitteilung eingearbeitet, die wie folgt aussehen könnte:

MUSTERORT
Die Bürgermeisterin

Jugendamt
ASD
Rathausplatz 1
00PLZ Musterort

Ansprechpartner/-in
Frau Fleißig
Zimmer 212
Tel. Vorwahl/Durchwahl
Fax: Vorwahl/Durchwahl
E-Mail: fleißig@musterort.de

12.12.2010
Mein Zeichen:
Ihr Zeichen:
Ihr Schreiben vom

Stadt Musterort – Rathaus – 00PLZ Musterort

Amtsgericht
Jugendgericht
Musterort

Lana-Karina K., geb. 25.01.2001 in Musterort
Wohnhaus Perspektive in Musterort
Mitteilung gem. § 8a SGB VIII

Eltern:
Sophie Mustermann, gesch. K., gesch. G., geb. W., geb. 13.07.1974 in Musterort, wohnhaft, Großerweg 18, Musterort;
Siegfried K., geb. 01.01.1982 in Musterort, Am Bach 12, Musterort

Die Ehe der Eltern wurde im November 2010 unter dem Az. 30 F 124/10 des AG Musterort geschieden. Ein Sorgerechtsverfahren war nicht anhängig.

Halbgeschwister:
Tom G., geb. 01.04.1994 in Musterort,
Charleen G., geb. 11.11.1996 in Musterort
Beide Kinder wohnen bei der Mutter. Der Vater der Kinder, Karl G., ist verstorben.

Das Jugendamt beantragt seine Beteiligung in dem Verfahren und erklärt gleichzeitig, dass es auf die förmliche Belehrung verzichtet.

Für Lana-Karina sollte ein Verfahrensbeistand bestellt werden.

Die Familie und ihre Mitglieder sind im Jugendamt seit der Trennung der Eltern im Jahre 2007 bekannt.

Anlass der Mitteilung:
Der Vater beantragt nicht die notwendige und geeignete Hilfe zur Erziehung für seine Tochter.

Zur aktuellen Situation:
Aufgrund einer wiederholten akuten Überforderungssituation der Mutter und einer Gefährdung des Kindes wurde Lana-Karina am 01.12.2011 erneut in einer Wohngruppe aufgenommen, nachdem ihre Rückführung aus einer Heimerziehung, bei welcher der Vater schon inhaltlich nicht mitwirkte, in der Zeit von Januar bis Ende August des Jahres trotz Sozialpädagogischer Familienhilfe als gescheitert angesehen werden musste.

Die Verhaltensauffälligkeiten von Lana-Karina, die zur ersten Unterbringung geführt hatten und in der Gruppe nicht auftraten wie z. B. massive Schulverweigerung, impulsive Ausbrüche mit Tätlichkeiten gegen Sachen und Personen und anderes, traten im Haushalt der Mutter wieder extrem stark auf.

Angesichts dieser Entwicklung hat die Mutter bereits am 19. 11. 2011 einen Antrag auf Hilfe zu Erziehung in Form von Heimerziehung zur Vorbereitung eines Lebens in einer Pflegefamilie für Lana-Karina beim Jugendamt gestellt.

Mit Schreiben vom 24. 11. 2011 wurde der ebenfalls sorgeberechtigte Vater, der anlässlich der ersten stationären Hilfe für Lana-Karina schon deren Inpflegegabe favorisierte, vom Jugendamt über die Antragstellung informiert und zu einem Gespräch eingeladen, zu dem er am 30. 11. 2011 gemeinsam mit seiner jetzigen Lebensgefährtin, Frau O., und dem gemeinsamen fünf Monate altem Kind erschien. Die Gründe für die Unterbringung und die für die ablehnende Haltung des Jugendamtes und der sorgeberechtigten Mutter zu den Überlegungen des Vaters bzw. vielmehr zu denen seiner Lebensgefährtin, Lana-Karina bei sich aufnehmen zu wollen, wurden dargelegt (eine frühe Bindungsstörung muss vermutet werden und exklusive Aufmerksamkeit im familiären Setting für Lana-Karina müssten gegeben sein). Über die weiteren Empfehlungen des Jugendamtes bezüglich der geeigneten und notwendigen Hilfen für Lana-Karina wurde der Vater ausführlich informiert (die Diagnose zu vervollständigen, um ein geeignetes Pflegeverhältnis anbahnen zu können). Dem Vater wurde eine Bedenkzeit eingeräumt, um die er gebeten hatte.

Am 01. 12. 2010 wurden in einem Telefonat von Frau O., das sie im Auftrag von Herrn K. zunächst mit der Unterzeichnerin führte, wie sie sagte, nochmals die Gründe für die aktuelle Unterbringung und die weitere Planung erläutert. Dabei zeigte sich, dass der Vater neben ihr saß. Er übernahm zum Ende des Gesprächs den Hörer. Der Vater erklärte, vorbeikommen zu wollen, um den Antrag auf stationäre Hilfe zur Erziehung für Lana-Karina ebenfalls zu stellen.

Am 02. 12. 2011 wurde Frau O., da der Vater nicht anwesend war, über die Unterbringung vom Vortag informiert und gebeten, Herrn K. auszurichten, er möge sich beim Jugendamt melden und seine Entscheidung mitteilen. Dieses ist bis heute nicht geschehen.
Lana-Karina ist deshalb wegen der Überforderung der Mutter mit deren Zustimmung, aber ohne die des Vaters, vom Jugendamt in Obhut genommen.

Empfehlung:
Für Lana-Karina muss zeitnah eine Perspektive entwickelt werden. Geplant ist die dauerhafte Unterbringung von Lana-Karina in einer Profipflegestelle.

Stellungnahme:
Da der Vater im bisherigen Hilfeverlauf über zwei Jahre kaum mitgewirkt, den Umgang mit seiner Tochter nicht wahrgenommen und trotz Erklärungen jetzt noch keinen Antrag auf Hilfe zur Erziehung gestellt hat, ist nicht davon auszugehen, dass er jetzt bei der neu anstehenden Hilfe als Personensorgeberechtigter im notwendigen Umfang mitwirkt.

Da die von der Mutter beantragte Hilfe zur Erziehung zur Sicherung des Kindeswohls und zur Abwendung weiterer Entwicklungsgefährdungen notwendig und geeignet ist, der sorgeberechtigte Vater dieser Hilfe aber offenbar nicht zustimmt, beantragt das Jugendamt, die gemeinsame elterliche Sorge aufzuheben und der Mutter die elterliche Sorge zu übertragen.

Sie ist bereit und in der Lage, die notwendige Hilfe für Lana-Karina mitzutragen und hat sie beantragt.

Im Auftrag

Fleißig
Diplom-Sozialarbeiterin

Abbildung 17: Beispiel einer Mitteilung gem. § 8a SGB VIII

6.2 Mitwirkung im Jugendgerichtsverfahren

Wenn Gerichtsreporter über Taten Minderjähriger schreiben und Hintergründe analysieren, beziehen sie sich auf Verlautbarungen von Polizei, Staatsanwaltschaft und Gericht. Niemand kann erkennen, dass die Jugendhilfe, das Jugendamt oder ein freier Träger – auch nicht in der Form der Jugendgerichtshilfe – mit dem Minderjährigen und seinen Eltern zutun hatte oder hat.[45] In ihrem Fokus sind nämlich gesellschaftliche Hintergründe, nicht die Prognosen für die einzelnen Minderjährigen. Jugendgerichtshilfe hat auch nicht Straftaten zu ermitteln oder zu verurteilen. Ihre Aufgabe verfolgt wie alle Jugendhilfe die Ziele des § 1 SGB VIII – und zwar einzelfallbezogen, weswegen man allgemein von ihr wenig hört.

An die Methoden, den Datenschutz, den Bericht und die Stellungnahme werden bei der Mitwirkung ähnliche Anforderungen gestellt wie bei der Mitwirkung im Familiengerichtsverfahren; für Jugendgerichtsverfahren gelten jedoch spezifische Ansprüche.

Die Mitwirkung geht auch in diesen Verfahren weit über die eigentliche Verfahrensbeteiligung hinaus. Das zeigt sich unter anderem auch darin, dass zwischen Jugendgerichtshilfe, Staatsanwaltschaft und Gericht über den Bericht der Jugendgerichtshilfe hinaus ein vielfältiger Schriftwechsel besteht.

Die Mitwirkung in Verfahren nach dem Jugendgerichtsgesetz ist als Andere Aufgabe der Jugendhilfe in § 52 SGB VIII[46] geregelt. In § 38 des Ju-

45 Vgl. St. Berg: Die Eignungsprüfung. In: Der Spiegel, 19 vom 10.05.2010, S. 59–61; anders stellt sich dies in Gerichtsshows dar: Dort kommt neben der Staatsanwaltschaft sitzend regelmäßig eine Jugendgerichtshelferin zu Wort, wenn es um Strafverfahren gegen junge Volljährige geht.

46 § 52 SGB VIII Mitwirkung in Verfahren nach dem Jugendgerichtsgesetz

(1) Das Jugendamt hat nach Maßgabe der §§ 38 und 50 Abs. 3 Satz 2 des Jugendgerichtsgesetzes im Verfahren nach dem Jugendgerichtsgesetz mitzuwirken.

(2) [1]Das Jugendamt hat frühzeitig zu prüfen, ob für den Jugendlichen oder den jungen Volljährigen Leistungen der Jugendhilfe in Betracht kommen. [2]Ist dies der Fall oder ist eine geeignete Leistung bereits eingeleitet oder gewährt worden, so hat das Jugendamt den Staatsanwalt oder den Richter umgehend davon zu unterrichten, damit geprüft werden kann, ob diese Leistung ein Absehen von der Verfolgung (§ 45 JGG) oder eine Einstellung des Verfahrens (§ 47 JGG) ermöglicht.

(3) Der Mitarbeiter des Jugendamts oder des anerkannten Trägers der freien Jugendhilfe, der nach § 38 Abs. 2 Satz 2 des Jugendgerichtsgesetzes tätig wird, soll den Jugendlichen oder den jungen Volljährigen während des gesamten Verfahrens betreuen.

gendgerichtsgesetzes[47] sind die Aufgaben der Jugendgerichthilfe und das Zusammenwirken von Jugendgericht, Staatsanwaltschaft und Jugendgericht geregelt.

Die aktuelle Fachdiskussion über die Jugendgerichtshilfe ist an anderer Stelle kompetent zusammengefasst (Arbeitsstelle Kinder- und Jugendkriminalitätsprävention 2011, S. 8 f.). Im Spannungsfeld des Sozialgesetzes und des Jugendgerichtsgesetzes muss sich nicht nur die Fachdiskussion, sondern auch die Praxis der Jugendgerichthilfe weiterentwickeln. Die Jugendgerichtshelferinnen und -helfer verstehen sich zwar selbst nicht als Hilfe des Gerichtes, sondern als Helfende mit eigener sozialpädagogischer Kompetenz an der Seite der jungen Menschen. Die Empfehlungen der Jugendhilfe (Vorschläge für weitere Maßnahmen) werden aber oft von den Jugendgerichten nur unzureichend akzeptiert und die Kooperation mit Polizei, Strafvollzug, Arbeitsverwaltung, Rechtsanwälten ist strukturell ausbaufähig (ebd. S. 89 f.). Ob es besonderer Angebote für junge Menschen mit Migrationshintergrund bedarf, ist ebenfalls u. a. noch eine offene Frage.

---

47 § 38 JGG Jugendgerichtshilfe

(1) Die Jugendgerichtshilfe wird von den Jugendämtern im Zusammenwirken mit den Vereinigungen für Jugendhilfe ausgeübt.

(2) [1]Die Vertreter der Jugendgerichtshilfe bringen die erzieherischen, sozialen und fürsorgerischen Gesichtspunkte im Verfahren vor den Jugendgerichten zur Geltung. [2]Sie unterstützen zu diesem Zweck die beteiligten Behörden durch Erforschung der Persönlichkeit, der Entwicklung und der Umwelt des Beschuldigten und äußern sich zu den Maßnahmen, die zu ergreifen sind. [3]In Haftsachen berichten sie beschleunigt über das Ergebnis ihrer Nachforschungen. [4]In die Hauptverhandlung soll der Vertreter der Jugendgerichtshilfe entsandt werden, der die Nachforschungen angestellt hat. [5]Soweit nicht ein Bewährungshelfer dazu berufen ist, wachen sie darüber, dass der Jugendliche Weisungen und Auflagen nachkommt. [6]Erhebliche Zuwiderhandlungen teilen sie dem Richter mit. [7]Im Fall der Unterstellung nach § 10 Abs. 1 Satz 3 Nr. 5 üben sie die Betreuung und Aufsicht aus, wenn der Richter nicht eine andere Person damit betraut. [8]Während der Bewährungszeit arbeiten sie eng mit dem Bewährungshelfer zusammen. [9]Während des Vollzugs bleiben sie mit dem Jugendlichen in Verbindung und nehmen sich seiner Wiedereingliederung in die Gemeinschaft an.

(3) [1]Im gesamten Verfahren gegen einen Jugendlichen ist die Jugendgerichtshilfe heranzuziehen. [2]Dies soll so früh wie möglich geschehen. [3]Vor der Erteilung von Weisungen (§ 10) sind die Vertreter der Jugendgerichtshilfe stets zu hören; kommt eine Betreuungsweisung in Betracht, sollen sie sich auch dazu äußern, wer als Betreuungshelfer bestellt werden soll.

MUSTERORT
Die Bürgermeisterin

Jugendamt
ASD
Rathausplatz 1
00PLZ Musterort

Ansprechpartner/-in
Frau Fleißig
Zimmer 212
Tel. Vorwahl/Durchwahl
Fax: Vorwahl/Durchwahl
E-Mail: fleißig@musterort.de

Stadt Musterort – Rathaus – 00PLZ Musterort

Amtsgericht
Jugendgericht
Musterort

16.10.2011
Mein Zeichen:
Ihr Zeichen:
Ihr Schreiben vom 30.08.2011

00 Gs 000 Js 000/09
Strafsache gegen: Cengis Ö., geb. am TT.MM.JJJJ, wohnhaft:

Nachfolgender Jugendgerichtshilfebericht entstand nach einem Gespräch mit Cengis Ö. in der Dienststelle.

Eltern/ges. Vertreter: *Personalien der Eltern und gesetzlichen Vertreter haben Polizei und Staatsanwaltschaft ermittelt und in der Anklageschrift z. B. mitgeteilt. Beruf und sozialen Status haben sie nicht erfasst.*	Abdul Ö., 01.01.1960, Garten- u. Landschaftsbauer Cigdem Ö., 01.01.1963, Hausfrau
Geschwister:	Sechs Schwestern und drei Brüder im Alter von neun bis 26 Jahren
Stellungnahme zu § 3 JGG:[48]	Meines Erachtens ist Cengis altersentsprechend entwickelt und daher strafrechtlich voll verantwortlich.

48 Ein Jugendlicher ist strafrechtlich verantwortlich, wenn er zur Zeit der Tat nach seiner sittlichen und geistigen Entwicklung reif genug ist, das Unrecht der Tat einzusehen und nach dieser Einsicht zu handeln. Zur Erziehung eines Jugendlichen, der mangels Reife strafrechtlich nicht verantwortlich ist, kann der Richter dieselben Maßnahmen anordnen wie das Familiengericht.

Familien- u. Wohnverhältnisse: *Bezug § 52, II SGB VIII*	Im Haushalt leben noch 6 Personen. Die Familie wohnt in einer 4 ½ Zimmerwohnung zur Miete. Besondere erzieherische Probleme mit Cengis habe es bis heute nicht gegeben, sagen seine Eltern. Die Familie erhielt von 2000 bis 2005 Beratung und ambulante Hilfe zur Erziehung durch das Jugendamt.
Einkommenssituation:	Er bekommt als Schüler BAföG in Höhe von mtl. 212,00 Euro, die er selbst zur Verfügung hat.
Vorschlag von erzieherischen Maßnahmen: *Bezug: § 38 III JGG*	Der Vorschlag von Maßnahmen richtet sich nach dem Ergebnis der Beweisaufnahme.
Stellungnahme zur Tatmotivation:	Cengis wird sich in der Hauptverhandlung zum Tatvorwurf äußern.
Freizeitverhalten:	Cengis spielt seit zehn Jahren im Verein Fußball. Sonst verbringt er seine Freizeit dem Alter entsprechend.
Bisherige Entwicklung der/des Beschuldigten: *Bezug § 38, II JGG*	Cengis ist in Antalya/Türkei geboren. Die frühkindliche Entwicklung soll normal verlaufen sein. Als Kleinkind erkrankte er an TBC (ohne Spätfolgen). Die Familie ist kurdischer Abstammung und reiste im Oktober 1993 in die BRD ein. Sie blieb zuerst im Asylbewerberheim in Musterstadt, wo sie fünf Jahre lebte. Danach zog in eine Wohnung nach Weststadt und ab August 2002 leben sie im Norden von Musterort. Nach dem Besuch des Kindergartens wurde Cengis 1998 in die Grundschule eingeschult. 2002 erfolgte der Wechsel zur Realschule. Im Jahre 2008 schloss er die Schule mit dem Abschluss nach 10 B ab. Derzeit besucht er die Berufsfachschule mit dem Ziel der Qualifikation für die gymnasiale Oberstufe, um später das Abitur machen zu können.
Strafrechtliche Auffälligkeiten:	Az.: 139 Js 10076/07 wg. gefährlicher Körperverletzung Az.: 139 Js 003/08 wg. Körperverletzung, Einstellung gem. § 154 StPO

Im Auftrag

Fleißig
Diplom-Sozialarbeiterin

Abbildung 18: Beispiel eines Berichtes in einem Jugendgerichtsverfahren

Es war schon die Rede davon, dass Erwachsenwerden in einem Prozess erfolgt, der nicht für alle Menschen innerhalb der Gesellschaft gleichzeitig oder gleichermaßen verläuft. Deswegen hat der Gesetzgeber auch im Strafrecht die Möglichkeit eingebaut, dem Grad der Persönlichkeitsentwicklung von jungen Volljährigen Rechnung zu tragen. Bei Straftaten junger Volljähriger, also von Menschen zwischen 18 und 21 Jahren, werden die Jugendgerichtshelferinnen vom Gericht aufgefordert, eine Beurteilung dazu abzugeben, nach welchem Recht (handelt es sich um einen Sonderfall nach dem Jugendgerichtsgesetz[49]) die Gerichte bei der Beurteilung vorgehen sollten. Sie haben dazu die Persönlichkeit der mutmaßlichen Täterinnen und Täter unter dem Gesichtspunkt der „sittlichen und geistigen Entwicklung" und die Art der Tat (typische Jugendverfehlung) zu beurteilen. In der Praxis wird ein Heranwachsender, der zur Mitarbeit mit der Jugendgerichtshilfe nicht bereit ist und z. B. einer Einladung zum Gespräch nicht folgt, ohne Jugendgerichtshilfe bleiben. Dabei hätten die Jugendgerichtshelferinnen und -helfer durchaus die Möglichkeit, sich in der Hauptverhandlung ein Bild von dem Heranwachsenden und seiner Bedarfslage zu machen und dieses auch mündlich einzubringen. Darüber hinaus könnten für Heranwachsende auch noch Hilfen für junge Volljährige in Betracht kommen.

---

49 § 105 JGG Anwendung des Jugendstrafrechts auf Heranwachsende

(1) Begeht ein Heranwachsender eine Verfehlung, die nach den allgemeinen Vorschriften mit Strafe bedroht ist, so wendet der Richter die für einen Jugendlichen geltenden Vorschriften der §§ 4 bis 8, 9 Nr. 1, §§ 10, 11 und 13 bis 32 entsprechend an, wenn

1. die Gesamtwürdigung der Persönlichkeit des Täters bei Berücksichtigung auch der Umweltbedingungen ergibt, dass er zur Zeit der Tat nach seiner sittlichen und geistigen Entwicklung noch einem Jugendlichen gleichstand, oder
2. es sich nach der Art, den Umständen oder den Beweggründen der Tat um eine Jugendverfehlung handelt.

(2) § 31 Abs. 2 Satz 1, Abs. 3 ist auch dann anzuwenden, wenn der Heranwachsende wegen eines Teils der Straftaten bereits rechtskräftig nach allgemeinem Strafrecht verurteilt worden ist.

(3) Das Höchstmaß der Jugendstrafe für Heranwachsende beträgt zehn Jahre.

„Das Ziel des Schreibens ist es, andere sehen zu machen."

Joseph Conrad, Schriftsteller, 1857–1924

7

Amtshilfe

Amtshilfe ist die Hilfeleistung einer Behörde für eine andere im Rahmen des § 3 SGB X (oder bei anderen Aufgabenfeldern gem. § 4, 1 ff Verwaltungsverfahrensgesetz).[50]

Das Jugendamt ist für bestimmte Aufgaben originär zuständig:

- Zur Weitergewährung von Leistungen kann es verpflichtet sein (§ 86c SGB VIII), wenn die örtliche Zuständigkeit beendet ist, der andere Träger aber noch nicht übernommen hat, z. B. wenn Eltern in einen anderen Ort verzogen sind.

---

50 (1) Jede Behörde leistet anderen Behörden auf Ersuchen ergänzende Hilfe (Amtshilfe).
(2) Amtshilfe liegt nicht vor, wenn
1. Behörden einander innerhalb eines bestehenden Weisungsverhältnisses Hilfe leisten;
2. die Hilfeleistung in Handlungen besteht, die der ersuchten Behörde als eigene Aufgabe obliegen.

- Für Leistungen, die andere erstatten müssen, kann es originär zuständig sein (Inobhutnahme, § 8a und/oder § 42 SGB VIII), weil die Minderjährigen sich in seinem Zuständigkeitsbereich aufhalten.
- Das Jugendamt kann vorläufig Leistungen gewähren (§ 86d SGB VIII), weil der sachlich und örtlich zuständige Träger (noch) nicht in die Leistung eintritt.

In diesen Fällen handelt es sich *nicht* um Amtshilfe. Darüber hinaus kann es sowohl für andere Behörden oder Jugendämter Aufgaben erledigen oder Leistungen gewähren.

In der Jugendhilfe erfolgt die Amtshilfe meistens, weil das zuständige Jugendamt aus tatsächlichen Gründen die notwendigen Handlungen nicht selbst oder nur mit einem unverhältnismäßigen Aufwand wahrnehmen kann (z. B. die Leistungsberechtigten, Hilfeempfänger, Minderjährigen halten sich nicht im Zuständigkeitsbereich auf, so dass mit ihnen wesentliche Inhalte zur Sache nicht erörtert werden können). Ein Nachteil für die Bürgerinnen und Bürger darf aus der Amtshilfe nicht entstehen.

Andere Ämter der Kommune können das Jugendamt ebenfalls um Amtshilfe bitten etwa bezüglich der Einschätzung der Voraussetzungen für eine Namensänderung oder der Verbleibensmöglichkeit von jemandem, der „abgeschoben" werden soll, aber ein minderjähriges Kind hat, das auf jeden Fall im Lande bleibt.

Gerichte können nicht um Amtshilfe, sondern nur um Mitwirkung beim örtlich zuständigen Jugendamt bitten. Gerichte leisten allerdings bei Umsetzung einer Herausgabeanordnung über den Gerichtsvollzieher dem Jugendamt als Vormund oder anderen Personensorgeberechtigten Hilfe, indem der Gerichtsvollzieher aufgrund der entsprechenden Beschlüsse des Gerichtes für die Umsetzung des Herausgabebeschlusses ggfs. unter dem Schutz der Polizei sorgt.

Im folgenden Beispiel wird die Polizei um Amtshilfe durch das Jugendamt gebeten, weil nur sie in diesem Fall zur Anwendung von Gewalt berechtigt wäre.

MUSTERORT
Die Bürgermeisterin

Jugendamt
ASD
Rathausplatz 1
00PLZ Musterort

Ansprechpartner/-in
Frau Fleißig
Zimmer 212
Tel. Vorwahl/Durchwahl
Fax: Vorwahl/Durchwahl
E-Mail: fleißig@musterort.de

Stadt Musterort – Rathaus – 00PLZ Musterort

An
Polizeipräsidium
Musterort

16.10.2011
Mein Zeichen:
Ihr Zeichen:
Ihr Schreiben vom

Amtshilfeersuchen

Sehr geehrte Damen und Herren,

auf diesem Wege bitte ich um Amtshilfe für die geschlossene Unterbringung von Maria Mustermann, geb. am 06.10.1995, gemeldet Vogelweg 19, Musterort, im Haushalt der Mutter, Syra Mustermann, die zur Ustraße 8, Musterort, umgezogen ist.

Die Jugendliche soll am Mittwoch gegen 9.30 Uhr zu einer geschlossenen Entzugsbehandlung im KKH, Station „Neue Perspektive", aufgenommen werden.

Die Jugendliche ist schon zu Gerichtsterminen nicht erschienen. Es ist anzunehmen, dass sie sich dem Beschluss des Gerichtes und seiner Umsetzung durch die Eltern, die personensorgeberechtigt sind, und des Jugendamtes widersetzt und insofern unmittelbarer Zwang angewendet werden muss.

In der Anlage übersende ich den Beschluss des Amtsgerichtes vom heutigen Tag.

Der Unterzeichner wird sich am Mittwochmorgen gegen 8.00 Uhr in der Polizeiwache melden.

Mit freundlichen Grüßen
Im Auftrag

Fleißig
Diplom-Sozialarbeiterin

Abbildung 19: Amtshilfeersuchen an die Polizei

Eine Amtshilfe im Rahmen einer Mitwirkung bei Trennung und Scheidung könnte wie folgt eingeleitet werden.

MUSTERORT
Die Bürgermeisterin

Jugendamt
ASD
Rathausplatz 1
00PLZ Musterort

Ansprechpartner/-in
Frau Fleißig
Zimmer 212
Tel. Vorwahl/Durchwahl
Fax: Vorwahl/Durchwahl
E-Mail: fleißig@musterort.de

16.10.2011
Mein Zeichen:
Ihr Zeichen:
Ihr Schreiben vom

Stadt Musterort – Rathaus – 00PLZ Musterort
Per FAX 0000-0000-00
Kreisjugendamt
Verwaltungsstelle
Frau Muster
Landrat-Straße 1

49545 Musterstadt

Mitwirkung im Familiengerichtsverfahren Mustermann
Sorgerechtsregelung für Marlon Mustermann, geb. 14.10.2008 in Musterort

Sehr geehrte Damen und Herren,
sehr geehrte Kollegin,

unter Bezug auf §§ 5 VwVfG und 3 SGB X ersuche ich um Amtshilfe.

Marlons Vater, Herr Mustermann, hat beim zuständigen Familiengericht in Musterort eine Sorgerechtsregelung beantragt. Seine Ehefrau, Beate Mustermann, ist mit dem gemeinsamen Sohn der Eheleute und ihrer Tochter aus erster Ehe in Ihren Zuständigkeitsbereich gezogen.

Der Vater bringt hier aufgrund seiner Einblicke anlässlich der Umgangskontakte mit Marlon vor, die häuslichen und persönlichen Verhältnisse bei der Mutter geböten, dass ihm das Sorgerecht für Marlon übertragen werden müsse.

Ich bitte Sie um Bericht und Stellungnahme zu den persönlichen und häuslichen Verhältnissen sowie den Entwicklungsbedingungen, die Marlons Leben bestimmen. Befragen Sie die Mutter bitte zu ihren Zukunftsvorstellungen für Marlon und dazu, ob sie an Gesprächen zur Vermittlung einer einvernehmlichen Lösung in der Sorgerechtsfrage mit dem Vater im Jugendamt in Musterort oder an einer anderen Stelle bereit ist.

Mit freundlichen Grüßen
Im Auftrag

Fleißig
Diplom-Sozialarbeiterin

Anlagen: Antrag des Vaters auf Sorgerechtsregelung vom 03.09.2011
Vermerk über das Gespräch mit Herrn B. vom 14.10.2011

Abbildung 20: Amtshilfeersuchen im Rahmen einer Mitwirkung im familiengerichtlichen Verfahren

Gelegentlich kommt es vor, dass Familiengerichte die Zuständigkeit nach SGB VIII nicht richtig beachten und die für den Amtsgerichtsbezirk zuständigen Jugendämter um Mitwirkung gem. § 50 SGB VIII ersuchen.

Das Jugendamt leitet das Ersuchen an die zuständige Stelle weiter und gibt gleichzeitig eine entsprechende Abgabenachricht an die Stelle, welche die Anfrage oder den Auftrag erteilt hat.

Das Anschreiben an das zuständige Jugendamt könnte so aussehen.

MUSTERORT
Die Bürgermeisterin

Jugendamt
ASD
Rathausplatz 1
00PLZ Musterort

Ansprechpartner/-in
Frau Fleißig
Zimmer 212
Tel. Vorwahl/Durchwahl
Fax: Vorwahl/Durchwahl
E-Mail: fleißig@musterort.de

16. 10. 2011
Mein Zeichen:
Ihr Zeichen:
Ihr Schreiben vom

Stadt Musterort – Rathaus – 00PLZ Musterort
Per FAX 0000-0000-00
Kreisjugendamt
Verwaltungsstelle
Frau Muster
Landrat-Straße 1

49545 Musterstadt

Mitwirkung im Familiengerichtsverfahren
S ./. R
Sorgerechtsregelung für Tim Mustermann, geb. 14. 10. 2008 in Musterort, wohnhaft Am Rand 12 in Musterstadt

Sehr geehrte Damen und Herren,
sehr geehrte Kollegin,

unter Bezug auf § 86, II SGB VIII übersende ich Ihnen die Anlagen mit der Bitte, in eigener Zuständigkeit tätig zu werden.

Auf diesem Wege biete ich gleichzeitig Amtshilfe an. Sollten Sie diese wünschen, bitte ich um schriftliche Mitteilung.

Mit freundlichen Grüßen
Im Auftrag

Fleißig
Diplom-Sozialarbeiterin

Abbildung 21: Weitergabe einer Mitwirkung an ein anderes Jugendamt

Das Familiengericht benötigt eine Nachricht über die Zuständigkeit.
Die Abgabenachricht an das ersuchende Gericht könnte lauten:

MUSTERORT
Die Bürgermeisterin

Jugendamt
ASD
Rathausplatz 1
00PLZ Musterort

Ansprechpartner/-in
Frau Fleißig
Zimmer 212
Tel. Vorwahl/Durchwahl
Fax: Vorwahl/Durchwahl
E-Mail: fleißig@musterort.de

16.10.2011
Mein Zeichen:
Ihr Zeichen:
Ihr Schreiben vom

Stadt Musterort – Rathaus – 00PLZ Musterort

Amtsgericht
Familiengericht
Musterort

Sorgerechtsregelung für Tim Mustermann, geb. am 14.10.2008 in Musterort

Zuständigkeitshalber habe ich heute Ihr Anschreiben an das Jugendamt Musterstadt weitergeleitet.

Gleichzeitig habe ich dem Jugendamt in Musterstadt Amtshilfe angeboten.

Mit freundlichen Grüßen
Im Auftrag

Fleißig
Diplom-Sozialarbeiterin

Abbildung 22: Abgabenachricht an das Familiengericht

Ein Sonderfall der Amtshilfe im Rahmen der Hilfe zur Erziehung ergibt sich bei Pflegeverhältnissen, weil nur hier eine Kostenerstattung vorgeschrieben ist.

Das BKiSchG hat § 37 Abs. 2 SGB VIII dahingehend geändert, dass vorgeschrieben wird: „Lebt das Kind oder der Jugendliche bei einer Pflegeperson außerhalb des Bereichs des zuständigen Trägers der öffentlichen Jugendhilfe, so sind ortsnahe Beratung und Unterstützung sicherzustellen."

Wird diese Unterstützung im Wege der Amtshilfe durch das andere Jugendamt, in dessen Zuständigkeitsbereich die Pflegeperson mit dem Kind lebt, geleistet, hat der für die Hilfe zur Erziehung zuständige Träger der öffentlichen Jugendhilfe die aufgewendeten Kosten einschließlich der Verwaltungskosten für die ortsnahe Beratung der Pflegeperson für die Zeit vor Aufnahme der Minderjährigen und die Dauer des Pflegeverhältnisses zu erstatten. Andere Fälle einer Kostenerstattung bei Amtshilfe gibt es nicht. Das örtlich zuständige Jugendamt kann aber auch einen ortsnahen freien Träger der Jugendhilfe beauftragen und diesem die Leistung vergüten.

**„Jeder, der je geschrieben hat, wird gefunden haben,
daß Schreiben immer etwas erweckt,
was man vorher nicht deutlich erkannte,
ob es gleich in uns lag."**

Georg Christoph Lichtenberg, Schriftsteller und Philosoph, 1742–1799

8 Fallübergabe

Es kommt häufig vor, dass Elternteile, denen Hilfen zur Erziehung oder Eingliederungshilfe nach dem SGB VIII gewährt werden, z. B. wegen einer neuen Partnerschaft oder weil sie sich von „ihrem" zuständigen Jugendamt – insbesondere bei Abklärungen von Gefährdungsrisiken – trennen möchten, in eine andere Stadt, also einen anderen Zuständigkeitsbereich ziehen. Vielfach enden dann insbesondere ambulante Leistungen wie SPFH oder Erziehungsbeistandschaft, obwohl eine Leistungsverpflichtung weiter bestand.

Das Bundeskinderschutzgesetz (BKiSchG) hat das erklärte Ziel, die Zusammenarbeit der Jugendämter zum Schutz von Kindern zu verbessern (Bundesrat Drucksache 202/11, S. 3).

Fallübergaben erfahren durch das BKiSchG bundeseinheitliche Anforderungen (eingearbeitet in § 86c SGBVIII). Zu diesen Anforderungen gehören:

- Die vorgegebene Zielrichtung eines Hilfeprozesses soll nur dann geändert werden, wenn dies aus der Kindeswohlperspektive erforderlich ist. Das heißt, der bisher gesteckte Rahmen der Hilfeleistung und die damit verbundenen Ziele sollen vom neu zuständig gewordenen Jugendamt weiterverfolgt werden.

- Die Übergabe soll zeitnah erfolgen.
- Weitergegeben werden müssen alle Informationen, die für Gewährung, Erbringung und Zuständigkeitswechsel bezüglich der konkreten Leistung relevant sind. Dies ist in der Regel die komplette Hilfe-/Leistungsakte (auch deswegen separate leistungsbezogene Aktenführung).
- Alle Leistungen, die der Hilfeplanung unterliegen (gem. § 36 SGB VIII), also auch die, welche ambulant erfolgen, werden in die Fallverantwortung der neu zuständigen Mitarbeiter im Rahmen eines persönlichen oder telefonischen Gespräches unter Einbeziehung der Leistungsadressaten (Personensorgeberechtigte und Minderjährige) übergeben.

In der Verwaltung galt und gilt der Grundsatz der Schriftform! Dass im neuen Gesetz die Übergabe in einem persönlichen Gespräch mit der Begründung vorgeschrieben ist, „die mit einer schriftlichen Informationsweitergabe häufig verbundenen Missverständnisse und Unklarheiten (sollten) vermieden werden" (Bundesrat Drucksache 202/11, S. 58), trägt nicht gerade einer besonderen Professionalität der Sozialarbeit Rechnung. Andererseits erhöht die Vorschrift zur Fallübergabe mit der Verpflichtung zur Datenweitergabe und einem persönlichen Gespräch die Transparenz für alle Beteiligten.

Unsere Empfehlung: Die Übergabe im persönlichen Gespräch sollte im Rahmen eines Hilfeplangespräches erfolgen und entsprechend schriftlich protokolliert sein. Dabei sollte unbedingt festgehalten werden, unter welchen Vorzeichen die Hilfegewährung erfolgt: Handelt es sich um eine Leistung, die anzunehmen oder nicht anzunehmen den Eltern bzw. Personensorgeberechtigten freisteht, befindet man sich noch in der Abklärung eines Gefährdungsrisikos oder ist nur durch die Weitergewährung dieser Leistung jetzt die Abwendung einer Kindeswohlgefährdung gegeben?

Liegen gewichtige Anhaltspunkte für die Gefährdung des Wohls von Minderjährigen vor, so ist mit dem BKiSchG nach § 8a Abs. 5 SBG VIII ebenfalls die Übermittlung der für die Wahrnehmung des Schutzauftrages relevanten Daten an den neu zuständigen örtlichen Träger Pflicht. Die Mitteilung soll darüber hinaus in einem Gespräch zwischen den Fachkräften der beiden örtlichen Träger erfolgen. An diesem Gespräch sollen die Personensorgeberechtigten sowie die Minderjährigen beteiligt werden, wenn keine schutzwürdigen Belange (etwa bei Gewalt und Missbrauch) der Minderjährigen tangiert werden.

Seit dem Jahr 2003 liegen „Empfehlungen zur Festlegung fachlicher Verfahrensstandards in den Jugendämtern bei Gefährdung des Kindeswohls" der Bundesvereinigung der kommunalen Spitzenverbände mit Unterstützung der Arbeitsgemeinschaft für Kinder- und Jugendhilfe – AGJ und des Deutschen Vereins für öffentliche und private Fürsorge e.V. vor. Diese Empfehlungen wurden in der Praxis wenig beachtet, haben heute aber immer noch wegweisende Bedeutung. Weil sie noch über das jetzige Gesetz (BKiSchG) hinausgehen und dessen Vorschriften konkretisieren, werden sie an dieser Stelle zitiert und zur Anwendung empfohlen.[51] Dies geschieht mit der Ergänzung, dass an dem Gespräch zur Übergabe die Personensorgeberechtigten (die nicht unbedingt die Eltern sind) und die Minderjährigen teilnehmen sollen.

„3.7 Fallabgabe und Fallübernahme durch Zuständigkeitswechsel
Die abgebende Fachkraft hat die Fallübergabe an die übernehmende Fachkraft so zu gestalten, dass sich die übernehmende Fachkraft darauf verlassen kann, alle relevanten Informationen, insbesondere solche erhalten zu haben, die die Möglichkeit einer zukünftigen Kindeswohlgefährdung nahe legen.

Vor der Abgabe des Falles, gleichgültig ob dafür eine Karteikarte, eine Erziehungshilfeakte oder eine Familiengerichtsakte angelegt worden ist, ist deswegen ein zusammenfassender Sachstandsvermerk anzufertigen. Dieser hat besondere Probleme bzw. Konflikte zu kennzeichnen und Aspekte kenntlich zu machen, die bei der Zusammenarbeit mit der Familie zu beachten sind.

Der zusammenfassende Sachstandsvermerk beinhaltet mindestens die (1.) konkrete Abbildung der momentanen Lebensbedingungen sowie (2.) die Risikoeinschätzung zum Zeitpunkt der Fallübergabe (...). Die Übergabe des Materials ist durch den übergebenden und übernehmenden ASD/Bezirkssozialdienst gegenzuzeichnen.

Bei Verdacht auf Kindesvernachlässigung oder Kindesmisshandlung sind die entsprechenden Anhaltspunkte und Einschätzungen durch die abgebende Fachkraft besonders hervorzuheben.

Grundsätzlich muss ein persönliches Fallübergabegespräch zwischen der bisher zuständigen und der künftig zuständigen Fachkraft stattfinden. Die/der Dienstvorgesetzte der Fall übernehmenden Fachkraft bestätigt durch Unterschrift die Kenntnisnahme des zusammenfassenden Sachstandsvermerks.

Ist ein Übergabegespräch nicht möglich, weil z. B. die betreffenden Familien den Jugendamtsbezirk verlassen und ein anderes Jugendamt zuständig wird, so ist der zusammenfassende Sachstandsvermerk dem zuständigen Jugendamt umgehend in doppelter Ausfertigung zuzusenden und in einem Telefongespräch der neu zuständigen Fachkraft zu erläutern. Über dieses Gespräch ist eine kurze Niederschrift zu fertigen, vom Fall abgebenden Jugendamt dem nunmehr zuständigen Jugendamt zuzuleiten und vom neu zuständigen Jugendamt gegenzuzeichnen und dem abgebenden Jugendamt wieder zurückzuschicken."

51 Der Deutsche Städtetag hat diese Empfehlungen vom 12.05.2009 an anderer Stelle (2003, S. 11ff, dort unter Punkt 3.6) unter dem Titel „Strafrechtliche Relevanz sozialarbeiterischen Handelns – Empfehlungen zur Festlegung fachlicher Verfahrensstandards in den Jugendämtern bei akut schwerwiegender Gefährdung des Kindeswohls" veröffentlicht.

MUSTERORT
Die Bürgermeisterin

Jugendamt
ASD
Rathausplatz 1
00PLZ Musterort

Ansprechpartner/-in
Frau Streit
Zimmer 213
Tel. Vorwahl/Durchwahl
Fax: Vorwahl/Durchwahl
E-Mail: streit@musterort.de

Stadt Musterort – Rathaus – 00PLZ Musterort

Stadt Muster
Jugendamt
Postfach

00PLZ Muster

16.10.2011
Mein Zeichen:
Ihr Zeichen:
Ihr Schreiben vom

Hilfe zur Erziehung gem. §§ 27, 34 SGB VIII für Jonathan Mustermann, geb. am 15.06.2000
Zuständigkeitswechsel und Kostenerstattung

Sehr geehrte Damen und Herren,

dem o. G. wird von mir seit dem 22.10.2010 stationäre Hilfe zur Erziehung gewährt.

Die Mutter hat ihren gewöhnlichen Aufenthalt in meinem Zuständigkeitsbereich aufgegeben und diesen in ihrem begründet.

Ich weise darauf hin, dass hier beim Einwohnermeldeamt für die Mutter und die Kinder eine Auskunftssperre wegen Gefahr für Leib und Leben eingerichtet ist.

Personalien der Familie …

Jonathan wurde nicht ehelich geboren. Seine Mutter ist allein sorgeberechtigt. Zu Beginn der Hilfe lebten die Eltern in Zuständigkeitsbereichen verschiedener Jugendämter. Die Zuständigkeit richtete sich daher zu Beginn der Hilfe nach § 86 Abs 2 S. 1 SGB VIII.

Ich bitte Sie, den Jugendhilfefall innerhalb einer angemessenen Frist zu übernehmen.

Nach § 86c SGB VIII werde ich bis zu Ihrer Entscheidung über die Übernahme und die Fortsetzung der Hilfe zur Erziehung diese von hier leisten.

Bitte teilen Sie mir mit, ab wann Sie den Jugendhilfefall übernehmen, damit ich die Gewährung der Leistung rechtzeitig einstellen kann.

Mit freundlichen Grüßen
Im Auftrag

Streit

Abbildung 23: Antrag auf Zuständigkeitswechsel und Kostenübernahme

Erfährt eine Fachkraft im Jugendamt von einem Wohnortwechsel eines Leistungsberechtigten oder eines für die Zuständigkeit maßgeblichen Elternteils, *muss* eine Fallübergabe erfolgen. Die Fallübergabe bei Hilfe zur Erziehung wird eingeleitet durch einen Antrag auf Zuständigkeitswechsel und Kostenerstattung des bisherigen Jugendamtes an das Jugendamt, das neu zuständig ist. Dieser Antrag wird vielfach von den wirtschaftlichen Abteilungen oder Sachgebieten der Jugendämter gestellt und beschieden, weswegen die Fachkräfte des ASD und der wirtschaftlichen Hilfen sich regelmäßig auf dem Laufenden halten müssen. Für die Fallübernahme lassen sich die Jugendämter oft sehr lange Zeit, nicht selten über ein Jahr, weswegen im BKiSchG eine „zeitnahe" Übergabe vorgeschrieben ist. Damit wichtige inhaltliche Informationen fließen, ist es erforderlich, dass die Kolleginnen und Kollegen im ASD miteinander Kontakt aufnehmen; dies unabhängig davon, welches Jugendamt die Kosten der Leistung zu tragen hat.

Ein Übernahmeantrag, den meistens die „wirtschaftliche Jugendhilfe" stellt, könnte wie Abb. 23 aussehen. (Die Formulierung „ich" meint immer den Behördenleiter als Organ, nicht die konkrete Sachbearbeitung, die in seinem Auftrag schreibt).

„Alle Menschen sind klug. Die einen vorher, die anderen nachher."

Unbekannt

9

Ausblick

Die bisherige Diskussion und die angeführten Beispiele decken hier nur exemplarisch Themen und Aufgaben um das geschriebene Wort im ASD ab. Andere wesentliche Dokumentationen sind noch nicht zur Sprache gekommen: die Dokumentation des Vorgehens, Gefährdungsrisiken einzuschätzen und abzuwenden, einschließlich der Anforderungen, die an Formulierungen von Auflagen für Personensorgeberechtigte gestellt werden müssen. Dazu gibt es jedoch anderorts anregende oder arbeitstaugliche Darstellungen (z. B. Deutsches Jugendinstitut 2004 oder Bodenseekreis 2007). Auch in Bezug auf die Hilfeplanung und die Mitwirkung liegt hier kein vollständiges Kompendium vor. Dennoch sollte deutlich geworden sein: Eine hinreichende Professionalisierung verlangt nicht nur qualifiziertes methodisches Vorgehen im Kontakt mit dem Klientel, sondern auch angemessene und qualifizierte Schriftsätze. Im Zuge der allgemein vorangetriebenen Standardisierung von Sozialleistungen (vgl. ISS und ISA 2010) wird sich der Prozess unter dem Druck politischer Ausgabenkürzungen auch in Bezug auf sämtliche Dokumente und Schriftsätze zukünftig auswirken – computerbasierte Vorlagen werden genutzt und ausgewertet werden. Was in diesem Sinne auf dem ersten Blick als vorteilhaft erscheinen mag, betrachten wir kritisch: Checklisten und Vordrucke erleichtern zwar planvolles Vorgehen, können eigene fachliche Überlegungen und deren Diskussion mit Minderjährigen, den für sie Verantwortlichen, Kolleginnen und Kollegen oder Vorgesetzen aber nicht ersetzen.

Die eigene Professionalität ernst zu nehmen, den konkreten Aufgaben engagiert und anspruchsvoll gerecht zu werden, verlangt auch, durch Selbststudium und Weiterbildung auf dem Laufenden zu bleiben. Die Adressaten der eigenen Arbeit ernst zu nehmen bedeutet weiterhin, auf eine bürgerfreundliche Verwaltungssprache, die auf bestimmte Begriffe nicht verzichten kann, zu achten.

Schriftsätze haben eine Kontrollfunktion für alle Akteure, erhöhen die Kontrollierbarkeit des fachlichen Vorgehens, ermöglichen Wirkungskontrolle und rechtfertigen die Kosten. Prüfung und Kontrolle stehen weder bei Dienstleistungen noch bei Sozialleistungen notwendiger Weise im Widerspruch oder Gegensatz zu Leistung oder Hilfe. Das geschrieben Wort bleibt eine Visitenkarte – ist Ausdruck der Qualität moderner Sozialer Arbeit.

Literaturverzeichnis

Achter Jugendbericht (1990): Bericht über Bestrebungen und Leistungen der Jugendhilfe (BT.-Drs. 11/6576), Bonn.

Arbeitsgemeinschaft Für Sozialberatung Und Psychotherapie (AGSP): Chronologische Falldokumentation nach Aktenlage der Stadt Wuppertal zum tragischen Tod des Kindes Talea (ohne Abstimmung mit den Beteiligten. http://www.agsp.de/assets/applets/Dokumentation_talea. pdf, Abruf vom 02. 11. 2011).

Arbeitsstelle Kinder- Und Jugendkriminalitätsprävention (2011), Projekt „Jugendhilfe und sozialer Wandel" (Hrsg.): Das Jugendgerichtshilfeb@rometer. Empirische Befunde zur Jugendhilfe im Strafverfahren in Deutschland. München 2011, (http://cgi.dji.de/bibs/jugendkriminalitaet/Band12_Jugendgerichtshilfebarometer.pdf, Abruf vom 10. 10. 2011).

Berg, S. (2010): Die Eignungsprüfung. In: Der Spiegel, Heft 19/2010, 59–61.

BFA, Bundesagentur für Arbeit (2007): Ausbildungsbeschreibung von Diplom-Sozialpädagogen (FH) vom 29. 05. 2007.

Bossong, H. (2004 u. 2009[2]): Sozialverwaltung. Ein Grundkurs für soziale Berufe, Weinheim und München.

Bremische Bürgerschaft (2007): Bericht des Untersuchungsausschusses zur Aufklärung von mutmaßlichen Vernachlässigungen der Amtsvormundschaft und Kindeswohlsicherung durch das Amt für Soziale Dienste. Drucksache 16/1381 vom 18. April 2007 (http://www.bremische-buergerschaft.de/uploads/media/BerichtUAKindeswohl_5cc.pdf, Abruf vom 02. 11. 2011).

Bundesministerium für Familie, Senioren, Frauen und Jugend (BMFSFJ), 2010: Entwurf des Bundeskinderschutzgesetzes, Berlin.

Bundesministerium für Familie, Senioren, Frauen und Jugend (BMFSFJ), 1999: Handbuch Sozialpädagogische Familienhilfe. Stuttgart/Berlin/Köln[3].

Bundesrat: Drucksache 202/11. Stellungnahme des Bundesrates. Entwurf eines Gesetzes zur Stärkung eines aktiven Schutzes von Kindern und Jugendlichen (Bundeskinderschutzgesetz – BkiSchG) vom 27. 05. 2011.

Bundesvereinigung Der Kommunalen Spitzenverbände mit Unterstützung der Arbeitsgemeinschaft für Kinder- und Jugendhilfe – AGJ und des Deutschen Vereins für öffentliche und private Fürsorge e.V. (2003): Empfehlungen zur Festlegung fachlicher Verfahrensstandards in den Jugendämtern bei Gefährdung des Kindeswohls, Berlin.

Deutscher Städtetag (2003): Strafrechtliche Relevanz sozialarbeiterischen Handelns. Empfehlungen zur Festlegung fachlicher Verfahrensstandards in den Jugendämtern bei Gefährdung des Kindeswohls. Beschluss vom 01. 04. 2003 (http://www.dji.de/pkh/strafrechtrelvanz_staedtetag.pdf, Abruf vom 26. 09. 2011).

Deutscher Städtetag (2009): Empfehlungen zur Festlegung fachlicher Verfahrensstandards in den Jugendämtern bei Gefährdung des Kindeswohls. Beschluss des Präsidiums des Deutschen Städtetages vom 12.05.2009 (http://www.staedtetag.de/imperia/md/content/beschlsse/10.pdf, Abruf vom 16.12.2009).

Deutscher Verein für öffentliche und private Fürsorge, Hrsg. (1986[2] u. 2011[7]): Fachlexikon der sozialen Arbeit. Baden-Baden.

Deutsches Jugendinstitut (2004): Materialsammlung zur Arbeit des ASD bei Kindeswohlgefährdung (http://db.dji.de/asd/asdmat.htm, Abruf vom 29.10.2011).

Dragusanu, G. (2006): Wissensmanagement: Sicherung und Weitergabe des Wissens beim Stellenwechsel, München.

Eichhorn, P., Hrsg. (2002[3]): Verwaltungslexikon, Baden-Baden.

Gesetz zur Stärkung eines aktiven Schutzes von Kindern und Jugendlichen (Bundeskinderschutzgesetz – BKiSchG) vom 22.12.2011, Bundesgesetzblatt Jahrgang 2011 Teil I Nr. 70, ausgegeben zu Bonn am 28.12.2001 (BGBL I 70/2975–2982).

Gissel-Palkovich, I. (2011): Lehrbuch Allgemeiner Sozialer Dienst – ASD. Rahmenbedingungen, Aufgaben, Professionalität, Weinheim.

Institut für Sozialarbeit und Sozialpädagogik/ISS e.V., Hrsg. (2011[2]): Der Allgemeine Soziale Dienst. Aufgaben, Zielgruppen, Standards, München.

Institut für Sozialarbeit und Sozialpädagogik/ISS e.V., Hrsg. (2011): Die Bücher des Sozialgesetzbuches. Einführung für die Soziale Arbeit, München.

Institut für Soziale Arbeit Münster e.V. (2010): Qualitätsrahmen Kinderschutz (http://www.isa-muenster.de/cms/upload/downloads/Qualitaetsrahmen-Entwurfsfassung-20100520.pdf, Abruf vom 10.10.2011).

Johnson, H. (1995): Das Genogramm in der systemischen Persönlichkeitsanalyse. In: Zeitschrift „Mensch und System". Wittlich 8/1995 oder http://www.institut-johnson.de/pdf/genogramm.pdf, Abruf vom 10.10.2011.

Kommunale Gemeinschaftsstelle für Verwaltungsvereinfachung (KGST), 2009: Stellenplan – Stellenbewertung. Gutachten 1/2009, Köln.

Kommunale Gemeinschaftsstelle für Verwaltungsvereinfachung (KGST), 2011: Bericht: Von der Prozessoptimierung zum Prozessmanagement (Teil 1). In sechs Schritten zum optimierten Prozess, Köln.

Kreft, D./Mielenz, I., Hrsg. (2012[7]): Wörterbuch Soziale Arbeit. Aufgaben, Praxisfelder, Begriffe und Methoden der Sozialarbeit und Sozialpädagogik, Weinheim.

Krems, B. (2005): Verwaltungsmanagementlehre. Eine verwaltungswissenschaftlich orientierte Einführung (veröffentlicht als Skript an der FH Bund, Abschnitt D 7), Online-Quelle: http://www.olev.de/d/dienstweg.pdf; Bundesministerium des Innern: DOMEA®-Organisationskonzept 2.1, Dokumentenmanagement und elektronische Archivierung im IT-gestützten Geschäftsgang. Schriftenreihe der KGSt, Band 61, 11/2005, Abruf vom 11.04.2009.

Kronseder, D. R. (2010): Die Strafbarkeit von Mitarbeitern des Jugendamtes bei häuslicher Kindeswohlbeeinträchtigung, Marburg.

Kuhlbach, R./Wohlfahrt, N. (1994): Öffentliche Verwaltung und Soziale Arbeit. Eine Einführung für soziale Berufe, Freiburg im Breisgau.

Kuhlbach, R./Wohlfahrt, N. (1996): Modernisierung der öffentlichen Verwaltung? Konsequenzen für die freie Wohlfahrtspflege, Freiburg im Breisgau.

Kühn, D. (1999): Reform der öffentlichen Verwaltung: Das neue Steuerungsmodell in der kommunalen Sozialverwaltung, Köln.

Landesbeauftragte Für Datenschutz Und Informationsfreiheit Nordrhein-Westfalen: Datenschutz im Jugendamt, 06/2008.

Landratsamt Des Bodenseekreises (2007): Handbuch zur Förderung des Kindeswohls im Bodenseekreis: (http://www.bodenseekreis.de/fileadmin/bodenseekreis/aemter/jug/downloads/2007-11-06_Handbuch.pdf, Stand 12.11.2007, Abruf vom 13.10.2011).

Landschaftsverband Westfalen-Lippe, Landesjugendamt Westfalen, Hrsg. (2011): Arbeitshilfe Trennungs- und Scheidungsberatung auf der Grundlage des FamFG, Münster.

Landschaftsverband Westfalen-Lippe, Landesjugendamt Westfalen, Hrsg. (2011): Empfehlungen zur Abgrenzung der Hilfe für junge Volljährige nach § 41 SGB VIII/§§ 67–69 SGB XII (Stand: 01.01.2011), Münster.

Lüttringhaus, M./Streich, A. (2007): Kindesschutz in der Jugendhilfe. Wie man Auflagen und Aufträge richtig formuliert, in: Blätter der Wohlfahrtspflege Heft 4/2007, S. 145–181.

Merchel, J./Schrapper, C., Hrsg. (1996): Neue Steuerung. Tendenzen der Organisationsentwicklung in der Sozialverwaltung, Münster.

Münder, J. (1995): Neues Jugendhilferecht und Dienstleistungsorientierung – Das Ende der Pädagogik? In: Neue Praxis, Heft 3, S. 301–302.

Münder, J./Meysen, Th./Trenczek,Th., Hrsg., (2009[6]): Frankfurter Kommentar SGB VIII – Kinder- und Jugendhilfe, Baden-Baden.

Oberloskamp, H./Borg-Laufs, M./Mutke, B. (2009[7]): Gutachtliche Stellungnahmen in der Sozialen Arbeit, Köln.

Papenheim, H.-G./Baltes, J. (2005 u. 2009[21]): Verwaltungsrecht für die soziale Praxis, Frechen.

Petrov, V. (2000): Zwischen allen Stühlen. Vom Tun und Lassen einer Bezirks-Sozialarbeiterin im Jugendamt, Freiburg.

Petrov, V. (2006): Aus nächster Nähe. Zeitaspekte sozialarbeiterischer Intervention in Familien, Marburg.

Poller, S./Weigel, H.-G. (2010): Die Fallbearbeitung im Allgemeinen Sozialen Dienst. In: Institut für Sozialarbeit und Sozialpädagogik e.V. (Hrsg.): Der Allgemeine Soziale Dienst. Aufgaben, Zielgruppen, Standards. München/Basel 2010, S. 57–79.

Pospiech, U./Müller, K. (2011): Schreibwerkstatt der Universität Duisburg-Essen: Der Schreibtrainer (http://www.uni-due.de/schreibwerkstatt/trainer/trainer/start.html, Abruf vom 10.10.2011).

Puch, H.-J. (1994): Organisation im Sozialbereich. Eine Einführung für soziale Berufe, Freiburg im Breisgau.

Satir, V. (2003[10]): Familienbehandlung: Kommunikation und Beziehung in Theorie, Erleben und Therapie, Freiburg.

Schrapper, C. (2012): Allgemeiner Sozialer Dienst. In: Kreft, D./Mielenz, I. a.a.O., S. 51–56.

Seithe, M. (2001): Praxisfeld: Hilfe zur Erziehung: Fachlichkeit zwischen Lebensweltorientierung und Kindeswohl, Opladen.

Straus, F. (1990): Die Netzwerkperspektive in der Praxis. In: Textor, M., (Hrsg.): Hilfen für Familien. Ein Handbuch für psychosoziale Berufe, Frankfurt a.M., S. 496–522.

Vent, H. (1986): Stichwort Anamnese. In: Deutscher Verein für öffentliche und private Fürsorge, (Hrsg.): Fachlexikon soziale Arbeit, Frankfurt a.M., S. 40f.

Wiesner, R. (2011[4]): SGB VIII: Kinder- und Jugendhilfe. Kommentar, München.

Zentrum Bayern Familie und Soziales (ZBFS) Bayrisches Landesjugendamt u.a., (Hrsg.): (2010): Personalbemessung der Jugendämter in Bayern (PeB). Praxisbericht und Handbuch, München.

Abkürzungsverzeichnis

Jedes Lexikon, Handbuch oder Online-Lexikon sowie jede längere schriftliche (wissenschaftliche) Ausführung verfügt über ein Abkürzungsverzeichnis. „ASS“ kann heißen „Arbeit statt Sozialhilfe“ oder „Anonyme Spurensicherung“ bzw. „Acetylsalyzylsäure“. Darum halten wir es für nötig, fach- und arbeitsplatzspezifische Abkürzungen zu kennen.

Die folgende Auflistung ist – selbstverständlich – nicht vollständig. Es kann sich daher nur um eine *beispielhafte* Darstellung der zumeist verwendeten Abkürzungen im Zusammenhang der hier zugrunde liegenden Aufgaben und vorgestellten Schriftsätze und des sozialarbeiterischen Schriftverkehrs handeln. Mehr vorzustellen ist hier kaum möglich bzw. nicht beabsichtigt, zumal regionale Unterschiede zu beachten wären.

a. d. D.	auf dem Dienstweg (auf dem großen Dienstweg, beginnt beim nächsten Vorgesetzten)
aA (a. A.)	anderer Ansicht
Abk	Abkommen
ABl	Amtsblatt
aF (a. F.)	alte Fassung
AG	Amtsgericht
AGA	Allgemeine Dienstanweisung
AGJ	Arbeitsgemeinschaft Jugendhilfe
AK	Anschaffungskosten
Alg	Arbeitslosengeld oder Hartz IV
allgM (allg. M.)	allgemeine Meinung
ÄndG	Änderungsgesetz
Anm	Anmerkung
AO	Abgabenordnung (auch AO 1977) oder Anordnung
Art	Artikel (Gesetzesartikel)
ASD	Allgemeiner Sozialdienst
AuslG	Ausländergesetz
AV	Allgemeinverfügung
AVG	Gesetz zur Altersversorgung
AVO	Ausführungsverordnung
AZ	Aktenzeichen

b. u. v.	beschlossen und verkündet
BA	Bundesagentur für Arbeit
BAföG	Bundesausbildungsförderungsgesetz
BAG	Bundesarbeitsgericht (auch: Bundesarbeitsgemeinschaft)
BAnz	Bundesanzeiger
BAT	Bundesangestelltentarifvertrag
BDSG	Bundesdatenschutzgesetz
Begr.	Begründung
Beil.	Beilage
Bek.	Bekanntmachung
ber.	berichtigt
BesGr.	Besoldungsgruppe
BewHi	Bewährungshilfe
BezReg	Bezirksregierung
BfA	Bundesanstalt für Arbeit, heute BA
BGB	Bürgerliches Gesetzbuch
BGBl.	Bundesgesetzblatt
BGH	Bundesgerichtshof
BGHSt	Bundesgerichtshofentscheidungen in Strafsachen (amtliche Sammlung von Entscheidungen des Bundesgerichtshofs in Strafsachen)
BGHZ	Bundesgerichtshofentscheidungen in Zivilsachen (amtliche Sammlung von Entscheidungen des Bundesgerichtshofs in Zivilsachen)
BKiSchG	Bundeskinderschutzgesetz
BSD	Besonderer Sozialdienst
BT	Bundestag
BT-Drs.	Bundestagsdrucksache
BtG	Betreuungsgesetz
BVerfG	Bundesverfassungsgericht
BVerfGE oder BvR	Bundesverfassungsgerichtsentscheidungen (amtliche Sammlung der Entscheidungen des Bundesverfassungsgerichts)
BVerwG	Bundesverwaltungsgericht
BVerwGE	Bundesverwaltungsgerichtsentscheidungen (amtliche Sammlung der Entscheidungen des Bundesverwaltungsgerichts)
BZR	Bundeszentralregister

DA	Dienstanweisung
DB	Durchführungsbestimmungen
DGS	Datenschutzgesetz
DIJuF	Deutsche Institut für Jugendhilfe und Familienrecht (DIJuF) e. V.
Drs.	Drucksache
DVO (DV)	Durchführungsverordnung
EDV	elektronische Datenverarbeitung
EG	Entgeltgruppe, Begriff aus dem TVöD, Tarifvertrag für den Öffentlichen Dienst, der den BAT ablöste
EGBGB	Einführungsgesetz zum Bürgerlichen Gesetzbuch
EheG	Ehegesetz
EL	Ergänzungslieferung
EMRK	Europäische Konvention zum Schutze der Menschenrechte
Entw	Entwurf
Erl	Erlass
EuGHMR	Europäischer Gerichtshof für Menschenrechte
EZ	Erhebungszeitraum
FamFG	Gesetz über das Verfahren in Familiensachen und in den Angelegenheiten der freiwilligen Gerichtsbarkeit, Kurztitel: Familienverfahrensgesetz
FamRZ	Zeitschrift für das gesamte Familienrecht
FS	Festschrift
FVG	Finanzverwaltungsgesetz (Gesetz über die Finanzverwaltung)
GeschO (GO)	Geschäftsordnung
GewSchG	Gewaltschutzgesetz (Artikel 1 des Gesetzes zur Verbesserung des zivilrechtlichen Schutzes vor Gewalttaten und Nachstellungen sowie zur Erleichterung der Überlassung der Ehewohnung bei Trennung)
GG	Grundgesetz
GO	Gemeindeordnung oder Geschäftsordnung
GoA	Geschäftsführung ohne Auftrag
GS	Großer Senat oder Gedächtnisschrift
HPG	Hilfeplangespräch

i. A.	im Auftrag (Zeichnungsbefugnis)
i. V.	in Vertretung
idF	in der Fassung
IFG	Informationsfreiheitsgesetz
iSv	im Sinne von
iVm.	in Verbindung mit
JGG	Jugendgerichtsgesetz
JGH	Jugendgerichthilfe
KGST oder KGSt	Kommunale Gemeinschaftsstelle für Verwaltungsvereinfachung (heute: Kommunale Gemeinschaftsstelle für Verwaltungsmanagement)
KiGaG	Kindergartengesetz
Kj	Kalenderjahr
KJHA	Kinder- und Jugendhilfeausschuss
KJHG	Kinder- und Jugendhilfegesetz
KSD	Kommunaler Sozialdienst
Lfd. Nr	Laufende Nummer
LG	Landgericht oder Lebensgemeinschaft
LGBl.	Landesgesetzblatt
LSG	Landessozialgericht
LT	Landtag
lt.	laut (gemäß)
LVerfG	Landesverfassungsgericht
LVG	Landesverwaltungsgesetz
LWL	Landschaftsverband Westfalen-Lippe
m. d. B. u. w. B.	mit der Bitte um weitere Bearbeitung
MiStra	Anordnung über Mitteilungen in Strafsachen
MiZi	Anordnung über Mitteilungen in Zivilsachen
MM	Mindermeinung oder Minderheitsmeinung
MRK	Menschenrechtskonvention, siehe Europäische Menschenrechtskonvention (EMRK)
mwN (m. w. N.)	mit weiterem Nachweis/weiteren Nachweisen
mWv (m. W. v.)	mit Wirkung vom
NamÄndG	Namensänderungsgesetz (Gesetz über die Änderung von Familiennamen und Vornamen)

nF (n. F.)	neue Fassung
NfD	nur für den Dienstgebrauch
NKF	Neues kommunales Finanzierungswesen
NST	Neue Steuerung
NtV	Nebentätigkeitsverordnung
nv	nicht veröffentlicht
OLG	Oberlandesgericht
Org.Ziff	Organisationsziffer
OVG	Oberverwaltungsgericht
OWiG	Gesetz über Ordnungwidrigkeiten
PR	Personalrat
PZU	Postzustellungsurkunde
RA	Rechtsanwalt
RArbG	Richter am Arbeitsgericht
RB	Rechtsbeistand
RdErl	Runderlass
Rdnr (Rn)	Randnummer
Ref	Reform
RegelBetrV	Regelbetragverordnung
RL	Richtlinie
RLG	Richter am Landgericht
Rpfl	Rechtspfleger
Rz	Randzeichen
S.	Seite
s.	siehe
SA/SP	Sozialarbeiter/Sozialpädagoge
SB	Sachbearbeiterin, Sachbearbeiter, Sachbearbeitung
sc.	nämlich, ergänze
SchG	Schulgesetz
SchwbG	Schwerbehindertengesetz
SchwG	Schwurgericht
SG	Soldatengesetz oder Sozialgericht
SGB	Sozialgesetzbuch
SGL	Sachgebietsleiter
Sp.	Spalte
SPFH	Sozialpädagogische Familienhilfe

st. Rspr.	ständige Rechtsprechung
StA	Staatsanalt oder Staatsanwaltschaft, Stadtamt
StGB	Strafgesetzbuch
StPO	Strafprozessordnung
TOA	Täter-Opfer-Ausgleich
TV-L	Tarifvertrag öffentlicher Dienst-Länderbereich
TVG	Tarifvertragsgesetz
TVöD	Tarifvertrag Öffentlicher Dienst
UVG	Unterhaltsvorschussgesetz
VA	Verwaltungsakt, Versorgungsausgleich oder Vollstreckungsauftrag
VergGr	Vergütungsgruppe, Begriff aus dem Bundesangestelltentarifvertrag (BAT)
Vfg.	Verfügung
VG	Verwaltungsgericht
VGH	Verwaltungsgerichtshof (Oberverwaltungsgericht in Baden-Württemberg, Bayern und Hessen)
VwGO	Verwaltungsgerichtsordnung
VwV	Verwaltungsvorschrift
VwVfG	Verwaltungsverfahrensgesetz
VwVG	Verwaltungsvollstreckungsgesetz
VwZG	Verwaltungszustellungsgesetz
VZ	Veranlagungszeitraum
VzA	Vollzugsanordnung
WV	Wiedervorlage
zdA	zu den Akten
Zeichnungsbefugnis	i. A. (innerdienstlich), Im Auftrag (bei externen Schreiben)
ZPO	Zivilprozessordnung
zwV	zur weiteren Verfügung

Abbildungsverzeichnis

Glossar

Das Glossar soll einen schnellen Zugriff auf für den ASD wichtiges Vokabular ermöglichen. Ausführlichere Begriffsbestimmungen sind zu finden in Verwaltungslexika, die als Bücher (Verwaltungslexikon) oder online (Krems) veröffentlicht sind. U.a. hat auch der Deutsche Verein für öffentliche und private Fürsorge (Berlin) zum wiederholten Male aktualisiert ein Fachlexikon der sozialen Arbeit (2011) aufgelegt.

Annexleistungen Die Hauptleistung einer Therapie im Rahmen der Eingliederungshilfe zieht die Kostenerstattung für die Fahrtkosten als notwendige Begleitleistung nach sich.

Antrag Aufforderung an eine Behörde, in der geltend gemachten Weise tätig zu werden oder zu entscheiden. Jede Sozialleistung, ob sie personelle und/oder materielle Ressourcen beansprucht, kann nur auf Antrag gewährt werden (Krankengeld, Arbeitslosenhilfe, Ausbildungsförderung, Beihilfen, Sozialhilfe, Hilfen zur Erziehung, Beratung, Therapie usw.).

Arbeitsplatzbeschreibung Während Stellenbeschreibung ein Begriff des Beamtenrechts ist, wird der Begriff der Arbeitsplatzbeschreibung im Tarifrecht benutzt. Sie sollte explizit die geschuldete Arbeitsleistung, Aufgaben, Zuständigkeiten, Anforderungen, Arbeitsumfang, Befugnisse usw. beinhalten.

Auflagen

- nach JGG: Maßnahme, die ein Straftäter zu erfüllen hat;
- nach Verwaltungsrecht eine belastende Nebenbestimmung eines Verwaltungsaktes;
- nach § 8a SGB VIII, eine Maßnahme, die Personensorge- oder Erziehungsberechtigte zu erfüllen haben, damit ein Gefährdungsrisiko eingeschätzt werden kann oder abgewendet ist.

Ausbildungsplan In der Sozialen Arbeit (Sozialarbeit/Sozialpädagogik) eine Beschreibung von Zielen, Inhalten, Methoden, Aufgabenfeldern und Rahmenbedingungen (z.B. Arbeitszeiten, Dauer des Praktikums, Entgelt) eines Praktikums, die von der/dem Praktikantin/Praktikant und der Ausbildungsstelle gemeinsam erstellt werden und einer Hochschule zur Genehmigung vorgelegt wird.

Bericht Berichte enthalten Antworten auf die sieben W-Fragen unter Berücksichtigung des zu bewertenden Tatbestandes.

Elemente von Berichten können sein:
- Angaben zu Zuständen,
- Entwicklung von Kindern,
  Verhalten,
- Geschichte des Ereignisses oder des Themenkomplexes, in dem das Ereignis stattfand,
- Daten, Statistiken und wichtige Dokumente,
- Zitate von beteiligten Personen, Experten und anderen.

Bewerbung i. d. R. auf Anzeige, Aufforderung oder initiativ in verschiedenen Formen (tabellarisch, schwerpunktmäßig) gegliedertes Schreiben, mit dem eine Person ihr Interesse für eine bestimmte Stelle oder Aufgabenwahrnehmung mitteilt. Die Anforderungen an die äußere Form und den Inhalt sollten zeitgemäß erfüllt sein. Eine interne Bewerbung wird grundsätzlich anders gestaltet als eine externe.

Brief Schriftliche Nachricht auf Papier mit Ort und Datum, Anrede, Inhalt und Grußformel, die für einen bestimmten Empfänger gedacht ist. Bei Behördenbriefen sind eine Betreffzeile und genaue Absenderangaben enthalten. Es gibt verschiedene Versand- und Zustellungsformen, die die Wichtigkeit eines Briefes unterstreichen. Inhalte von Briefen an einen individuellen Empfänger sind grundgesetzlich geschützt.

Die drei Siebe Aufgeregt kam jemand zu Sokrates gelaufen: „Höre, Sokrates, das muss ich dir erzählen, wie dein Freund ..." „Halt ein!", unterbrach ihn der Weise, „hast du das, was du mir sagen willst, durch die drei Siebe geschüttelt?" „Drei Siebe?", fragte der andere voll Verwunderung. „Ja, mein Freund, drei Siebe! Lass sehen, ob das, was du mir erzählen willst, durch die drei Siebe hindurchgeht. Das erste Sieb ist die *Wahrheit*. Hast du alles, was du mir erzählen willst, geprüft, ob es wahr ist?" „Nein, ich hörte es erzählen, und ... „So, so. Aber sicher hast du es mit dem zweiten Sieb geprüft, es ist das Sieb der *Güte*. Ist das, was du mir erzählen willst, wenn schon nicht als wahr erwiesen, wenigstens gut?" Zögernd, sagte der andere: „Nein, das nicht, im Gegenteil ..." „Dann", unterbrach ihn der Weise, „lass uns auch das dritte Sieb noch anwenden, und lass uns fragen, ob es *notwendig* ist, mir das zu erzählen, was dich so erregt." „Notwendig nun, nicht gerade ..." „Also", lächelte Sokrates, „wenn das, was du mir erzählen willst, weder wahr, noch gut, noch notwendig ist, so lass es begraben sein und belaste dich und mich nicht damit!"

Dienstanweisung Schriftliche oder mündliche Veranlassung des zuständigen Vorgesetzten, einen in seinem Aufgabenbereich Zuständigen zu einem Tun, Dulden oder Lassen im Rahmen der zugeteilten Aufgaben zu verpflichten.

Dienstaufsichtsbeschwerde In der Dienstaufsichtsbeschwerde wird das persönliche Verhalten eines Amtsträgers gerügt. Sie kann von jedermann erhoben werden. Die angeschriebene Behörde ist verpflichtet, sich mit der Dienstaufsichtsbeschwerde zu befassen und sie zu beantworten. Es muss dabei ersichtlich sein, dass eine sachliche Prüfung erfolgt ist und ob Maßnahmen getroffen wurden oder nicht. Die von einer Dienstaufsichtsbeschwerde betroffene Person muss davon Kenntnis und Gelegenheit erhalten, sich dazu ggf. mit Rechtsbeistand oder einem Personalratsmitglied zu äußern (sollte schriftlich erfolgen); sie kann im begründeten Fall zu den Personalakten genommen werden. Im ASD sind – meist unhaltbare – Dienstaufsichtsbeschwerden aufgabeninhärent und gehören zum Alltag. Die Beschwerden und die Antworten darauf gehören nicht in die „Fallakte".

Dokumentation, Dokumentation von Vorgängen In der Sozialarbeit systematisch nutzbar gemachte Informationen, die in Akten in Bezug auf Sachverhalte und Personen zweckgebunden gesammelt werden.

Dokumentenanalyse Dokumente aller Art werden qualitativ und quantitativ unter zuvor festgelegten Gesichtspunkten ausgewertet. Die Darstellung dieser Auswertung erfolgt meistens schriftlich in einer chronologischen Reihenfolge mit Nennung der jeweiligen Quelle.

E-Mail Seit den 1990er Jahren eine schnelle und kostengünstige Variante des Briefes, für welche die Regeln des üblichen Schriftverkehrs gelten. Sie sind meistens im innerbehördlichen Verkehr schriftliche Dokumente, die ausgedruckt zum Vorgang zu nehmen sind. Da mit der E-Mail Daten ins Netz gebracht werden, sollten personenbezogene Angaben vermieden und Anlagen nur mit Kennwort geschützt versandt werden. Für den rechtsverbindlichen Verkehr sind sie nicht anerkannt.

Entgeltvereinbarungen Verträge über die Höhe der Geldleistung für die Dienstleitungen der Freien Träger bei stationären oder ambulanten Hilfen, die zwischen den örtlichen und den freien Trägern der Jugendhilfe nach gesetzlichen Vorgaben und auf Landesebene zwischen den überörtlichen Trägern der Jugendhilfe und den Dachorganisationen der freien Träger verhandelten Richtlinien geschlossen wurden.

Evaluation Prozesse und Ergebnisse werden durch Betroffene oder Beteiligte in irgendeiner Weise anhand von (nicht immer klar ausgewiesenen) Kriterien z. B. auf Mittel-Zweck- oder Kosten-Nutzen-Aspekte bewertet.

Formblatt, Formular, Vordruck Eine gedruckte oder elektronische Vorlage, die per Hand- oder Computereintrag ergänzt wird. Sie hat Ordnungs- und Leitfunktion, ist in der Regel dem Arbeitsablauf und seinen Erfordernissen angepasst, dient der Überschaubarkeit, der Vergleichbarkeit, Sicherung des Qualitätsstandards und der Dokumentation.

Garantenpflicht Verantwortlichkeit für den Schutz eines Rechtsgutes, z. B. körperliche Unversehrtheit. In Bezug auf die Sozialarbeit im Jugendamt wurde sie z. B. in einem Strafprozess gegen eine Mitarbeiterin des Allgemeinen Sozialdienstes in der Rechtssprechung wie folgt entwickelt: „Wesentliches Merkmal der sozialpädagogischen Familienhilfe in den Fällen der vorliegenden Art ist … auch die Verpflichtung zur Schutzgewährung. Daraus kann eine strafrechtliche Garantenpflicht der zu diesem Zweck unmittelbar tätigen staatlichen Gewährsträger resultieren, hier die der mit der Sache dienstlich betrauten Mitarbeiter des ASD (vgl. zur Garantenpflicht BGHSt 38, 388 ff)" (OLG Oldenburg Ss 249/96, 11 Js 17617/94 OS, Urteil vom 02. 09. 1996; aktuell dazu: Kronseder, D. R. (2010): Die Strafbarkeit von Mitarbeitern des Jugendamtes bei häuslicher Kindeswohlbeeinträchtigung, Marburg).

Genogramm Genogramme werden in der Sozialarbeit sehr reduziert, wie die meisten von anderen Professionen in Segmenten übernommenen Methoden, insbesondere bei der Hilfeplanung oder Supervision i. d. R. zur Visualisierung familiärer Hintergründe verwendet. Sie können als Gemeinschaftswerk mit Klienten prozesshaft in der Biografiearbeit entwickelt werden, um z. B. die familialen Programme, die ein jeder in seinem Leben irgendwie fortführt, zu erkennen. „Die systemische Persönlichkeitsanalyse (SPA) … hat den Zweck, die Persönlichkeitspotenziale einer Person zu erforschen und darzustellen, daß die Individualität des Handelns für die Person selbst und für den Analysierenden zur Bearbeitung seines Auftrags erkennbar wird. … Dazu braucht der Experte 1. Selbstbewusstsein (im Sinne des Bewusstseins über die eigenen Ressourcen, …), 2. technische Fertigkeiten, 3. historische und soziologische Kenntnisse und 4. Erfahrung" (Johnson, H.: Das Genogramm in der systemischen Persönlichkeitsanalyse, 2006, S. 2). Durch das Windows taugliche Programm GenoGraph von Klaus Wessiepe können Genogramme z. B. computermäßig erfasst und bearbeitet werden.

Gutachten Auf der Basis des aktuellen Standes der Wissenschaft nach den Kriterien der Objektivität, der Verlässlichkeit der Ergebnisse als Voraussetzung für deren Wiederholbarkeit und der Nachvollziehbarkeit der Argumente erstellte Hilfsmittel zur Vorbereitung einer Entscheidung, z. B. bei der Gewährung von Sozialleistungen. In Familiengerichtsverfahren wird durch Gutachten Beweis erhoben über die vom Gericht beschlossene Fragestellung.

Gutachtliche Stellungnahme Darstellung von Tatsachen und Sachverhalten mit fachlicher Bewertung der entscheidungsrelevanten Fakten und ggfs. Vorschlägen für eine Entscheidung.

Hilfeplan Schriftliche Festlegung von Zielen und Rahmenbedingungen (Anspruchsgrundlage, Zeitraum, Umfang, Dienst, Kosten, evtl. nächste Handlungsschritte), welche die Durchführung einer Hilfe bestimmen. In der Jugendhilfe gibt es durch die §§ 36 und 36a SGB VIII gesetzliche Vorgaben zur Ausgestaltung der Hilfeplanung mit Beteiligungsrechten und -pflichten.

Kommunale Gemeinschaftsstelle für Verwaltungsmanagement (KGSt) Die Kommunale Gemeinschaftsstelle für Verwaltungsmanagement (KGSt) ist das von Städten, Gemeinden und Kreisen gemeinsam getragene Entwicklungszentrum des kommunalen Managements. Sie wurde 1949 in Köln gegründet. Über 1600 Kommunalverwaltungen und Träger öffentlicher Aufgaben – darunter nahezu alle Städte über 25 000 Einwohner, einschließlich der drei Stadtstaaten, die meisten Landkreise und einige große österreichische Städte – arbeiten in der KGSt zusammen. Gemeinsam mit ihren und für ihre Mitglieder befasst sich die KGSt u. a. mit Führung, Steuerung und Organisation der Kommunalverwaltung. Sie wird hauptsächlich finanziert aus den Beiträgen der Mitglieder. Nach eigener Darstellung ist die KGSt unabhängig vom Staat und von politischen Organisationen.

Kooperationsvertrag Schriftliche Vereinbarung zwischen zwei oder oder mehreren Trägern, Diensten oder Einrichtungen zur Regelung von Kernpunkten der Zusammenarbeit und des Dialogs miteinander über die Zusammenarbeit.

Kostenvoranschlag Übersicht über die Entgelte für Personal und Sachmittel, die in einem bestimmten Zeitraum und bei einem vorgegebenen Umfang für eine bestimmte Aufgabe anfallen.

Leistungsvereinbarung Von Diensten und Einrichtungen der freien Träger aufgestellte Übersicht über die von ihnen regelmäßig zu erbringenden Leistungen bei stationären und ambulanten Hilfen, für die Entgelte vereinbart wurden.

Netzwerkkarte Mittel zur Erforschung von Ressourcen – gemeinsam mit der Familie: „Die Netzwerkkarte besteht aus konzentrischen Ringen, in deren Mittelpunkt das ‚Ich' steht. Die Ringe (sie können z. B. stehen für unmittelbare Unterstützung, mittelbare Kooperation und Abnahme von Pflichten an drittem Ort, Anm. der Verf.) kann man noch in Segmente einteilen, die für bestimmte Personengruppen gelten (Freunde, Nachbarn usw.)" (Straus, F., 1990, S. 510; s. a. Straus 1993). Andere Bezeichnung: soziales Atom.

Organigramm Schematische Darstellung einer Organisation, aus der die Struktur und die Aufgabenverteilung ersichtlich sind.

Praktikumsbericht Ein möglichst objektiver Text, bezogen auf konkrete, eigene Beobachtungen in einem Praxisfeld, der Nicht-Beteiligte zuverlässig über den Verlauf einer Ausbildungsstation informiert. Es gelten die gleichen Grundsätze wie bei einem Bericht (Beantworten der W-Fragen). Der Praktikumsbericht ist aus sich heraus verständlich. Über eine Hinführung, die Angaben zur Zielsetzung enthält, führt der Bericht zu einer Situationsanalyse mit einer Chronologie der relevanten Ereignisse, einer Darstellung und Diskussion der Ergebnisse zu durchaus auch persönlichen Schlussfolgerungen, z. B. in Bezug auf die weitere Ausbildung oder Berufswahl (Hinweise zu Anforderungen, Tipps zur Gestaltung und zur Sprache sind zu finden bei der Schreibwerkstatt der Uni Duisburg-Essen unter: http://www.uni-due.de/schreibwerkstatt/trainer/trainer/start.html Abruf vom 26. 08. 2008).

Protokoll „Bei Sitzungen, Tagungen, Verhandlungen usw. wird eine formelle Zusammenfassung der Gespräche und Ereignisse geschrieben. Aus diesem Grund bestimmen Vereine, Verbände, Verwaltungen, politische Gremien und ähnliche Organisationen einen Protokollführer oder Sekretär, der damit beauftragt ist. Man unterscheidet bei diesen Aufzeichnungen zwischen Verlaufsprotokoll und Ergebnisprotokoll" (Aus: http://de.wikipedia.org/wiki/Protokoll, Abruf vom 22. 02. 2008).

Rechtsbehelfsbelehrung Sie ist die in einer Entscheidung der Gerichte oder Behörden enthaltene Belehrung für den Adressaten der Entscheidung, ob, auf welche Weise und in welcher Form ihm die Möglichkeit eingeräumt ist, die Verwaltungs- oder Gerichtsentscheidung anzufechten und überprüfen zulassen. Jeder Bescheid muss eine Rechtsbehelfsbelehrung enthalten. In NRW könnte er so lauten:
„Rechtsbehelfsbelehrung

Gegen diesen Bescheid kann innerhalb eines Monats nach Zustellung dieses Bescheides Klage erhoben werden.

Die Klage ist bei dem Verwaltungsgericht in Musterort, Musterstraße 1, schriftlich einzureichen oder zur Niederschrift des Urkundsbeamten der Geschäftsstelle zu erklären. Wird die Klage schriftlich erhoben, so sollen ihr möglichst 2 Abschriften beigefügt werden.

Falls die Frist durch das Verschulden eines von Ihnen Bevollmächtigten versäumt werden sollte, so würde dessen Verschulden Ihnen zugerechnet werden."

Ressourcenkarte Sozialarbeit, Sozialleistungen sollten ressourcenorientiert eingesetzt werden, damit sie „Hilfe zur Selbsthilfe" werden können. In Bezug auf eine einzelne Person oder ein Projekt werden für eine konkrete Aufgabe systematisch (z. B. für eine Person, seine Familie, weitere Institutionen, Freundschaften oder für ein Projekt, z. B. Mitwirkende, Räume, Mittel) die Ressourcen (Kompetenzen, Stärken, Fähigkeiten,

Möglichkeiten, ausbaubare oder vorhandene Potenziale) erfasst, die dienlich sein können. Durch die Ressourcenkarten sollte deutlich werden, wo Potenziale in Bezug auf die Ziele, die angestrebt werden, bei der Person oder ihrem Umfeld liegen.

Schweigepflicht §§ 203 StGB „Verletzung von Privatgeheimnissen" lautet:
„(1) Wer unbefugt ein fremdes Geheimnis, namentlich ein zum persönlichen Lebensbereich gehörendes Geheimnis oder ein Betriebs- oder Geschäftsgeheimnis, offenbart, das ihm als

1. Arzt, Zahnarzt, Tierarzt, Apotheker oder Angehörigen eines anderen Heilberufs, der (...),
2. Berufspsychologen mit staatlich anerkannter wissenschaftlicher Abschlussprüfung,
3. Rechtsanwalt, Patentanwalt, Notar, Verteidiger in einem gesetzlich geordneten Verfahren, Wirtschaftsprüfer, vereidigtem Buchprüfer, Steuerberater, Steuerbevollmächtigten oder Organ oder Mitglied eines Organs einer Rechtsanwalts-, (...) oder Steuerberatungsgesellschaft,
4. Ehe-, Familien-, Erziehungs- oder Jugendberater sowie Berater für Suchtfragen in einer Beratungsstelle, die (...) anerkannt ist,

4a. Mitglied oder Beauftragten einer anerkannten Beratungsstelle nach den §§ 3 und 8 des Schwangerschaftskonfliktgesetzes,

5. staatlich anerkanntem Sozialarbeiter oder staatlich anerkanntem Sozialpädagogen oder
6. Angehörigen eines Unternehmens der privaten Kranken-, Unfall- oder Lebensversicherung oder einer privatärztlichen, steuerberaterlichen oder anwaltlichen Verrechnungsstelle

anvertraut worden oder sonst bekannt geworden ist, wird mit Freiheitsstrafe bis zu einem Jahr oder mit Geldstrafe bestraft."

Soziales Atom s. Netzwerkkarte

Stellenbeschreibung siehe auch Arbeitsplatzbeschreibung. Schriftliche Darlegung aller für die Stelle relevanten Faktoren: Bezeichnung der Stelle, Namen und Dienstrang des Inhabers, Zuordnung der Teilaufgaben, Verantwortlichkeiten und Zuständigkeiten, Anforderungen und Anforderungshöhen sowie Beurteilungsmaßstäbe für die Leistungen, Einbindung in die Organisationsstruktur (Aufbauorganisation, Ablauforganisation), Stellvertretung durch und für den Stelleninhaber. Stellenbeschreibungen enthalten Zuständigkeiten und Verantwortungsbereiche. Sie dienen zur Ermittlung der Personalbemessung und der Stellenbewertung bzw. Eingruppierung und somit der Entlohnung.

Stellungnahme In Verwaltungen oder vor Gerichten eine meist schriftlich abgegebene und unter Bezug auf die rechtlichen Vorschriften und die vorliegenden Tatsachen fachlich begründete Meinung in Bezug auf eine zur Entscheidung anstehenden Frage.

Verfügung Aktenverfügung oder Büroverfügung: Auf jedem eingehenden Schriftstück wird eine schriftliche Anweisung gesetzt (z. B. eing. am TT.MM.JJ und „eilt"), welche die Reihenfolge der Bearbeitung oder den nächsten Schritt („R" für Rücksprache) festlegt. Eine Wiedervorlage (Wv), Ablage der Akte (z. d. A.), Erfassung in der Zentraldatei usw. sind ebenfalls Verfügungen. Die Verfügung schreiben die Zuständigen meist selbst, seltener die Vorgesetzten.

Vermerk, Aktenvermerk In die Akte aufzunehmende schriftliche Aufzeichnung über die für die Sache relevanten Vorfälle wie Telefonate, Besprechungen, Verhandlungen, Vereinbarungen, Tatsachen, Fakten, Beobachtungen, Behauptungen oder andere Begebenheiten wie eigene Überlegungen, die das weitere Vorgehen leiten. Aktenzeichen, Datum, Betreffzeile, Inhalt, Zeichnungsbefugnis und Unterschrift sind unerlässliche Bestandteile.

Vertrag Mehrseitiges Rechtsgeschäft, beruhend auf einander entsprechende Willenserklärungen der Beteiligten mit einer die Beteiligten rechtlich bindenden Einigung

Vorlage Schriftliche Arbeitsergebnisse, zusammengefasste, verkürzte Ansammlung von notwendigen Informationen und Fakten, die Dritten zur Weiterbearbeitung oder als Entscheidungshilfe zugeleitet werden. Sie werden oft als Anlage zur Begründung von Gewährung von Sozialleistungen, z. B. zur Hilfe zur Erziehung, erstellt. Bestimmte Vorlagen, z. B. die an politische Gremien in der Kommunalverwaltung, sind formalisiert und bedürfen innerhalb der Verwaltung der Genehmigung durch Zeichnung oder Gegenzeichnung bestimmter Amtsträger.

Zeugnisverweigerung Zeugnisverweigerungsrecht aus beruflichen Gründen. § 53 StPO:

„(1) Zur Verweigerung des Zeugnisses sind ferner berechtigt

1. Geistliche (…);
2. Verteidiger des Beschuldigten (…);
3. Rechtsanwälte, Patentanwälte, Notare, Wirtschaftsprüfer, vereidigte Buchprüfer, Steuerberater und Steuerbevollmächtigte, Ärzte, Zahnärzte, Psychologische Psychotherapeuten, Kinder- und Jugendlichenpsychotherapeuten, Apotheker und Hebammen (…);

3a. Mitglieder oder Beauftragte einer anerkannten Beratungsstelle nach den §§ 3 und 8 des Schwangerschaftskonfliktgesetzes (…)

3b. Berater für Fragen der Betäubungsmittelabhängigkeit in einer Beratungsstelle, die (…);

4. Mitglieder des Bundestages, eines Landtages oder einer zweiten Kammer über Personen, die ihnen in ihrer Eigenschaft (...);
5. Personen, die bei der Vorbereitung, Herstellung oder Verbreitung von Druckwerken, Rundfunksendungen, Filmberichten oder der Unterrichtung oder Meinungsbildung dienenden Informations- und Kommunikationsdiensten berufsmäßig mitwirken oder mitgewirkt haben.

   Die in Satz 1 Nr. 5 genannten Personen dürfen das Zeugnis verweigern über (...)

(2) Die in Absatz 1 Satz 1 Nr. 2 bis 3b Genannten dürfen das Zeugnis nicht verweigern, wenn sie von der Verpflichtung zur Verschwiegenheit entbunden sind. Die Berechtigung zur Zeugnisverweigerung der in Absatz 1 Satz 1 Nr. 5 Genannten über den Inhalt selbst erarbeiteter Materialien und den Gegenstand entsprechender Wahrnehmungen entfällt, wenn (...)."

Die Autoren

Erhard Gehlmann ist Diplomtheologe, Diplom-Sozialarbeiter und Diplomverwaltungsbeamter mit langjähriger Erfahrung im ASD als Bezirkssozialarbeiter und Sachgebietsleiter im Jugendamt einer mittleren Großstadt.

Dr. phil. Frank Nieslony ist Diplompädagoge, Sozialarbeiter (grad.) und Professor an der Evangelischen Hochschule Darmstadt (EHD), Arbeitsschwerpunkte: Sozialadministration/Soziale Dienste, Jugendhilfe und Schule, Sozial- und Jugendhilfeplanung.

Dr. phil. Veszelinka Ildikó Petrov M.A. ist Diplom-Sozialarbeiterin mit langjähriger Erfahrung in der Bezirkssozialarbeit im Jugendamt, in der Weiterbildung und Gutachterin in Familiengerichtsverfahren.

Franz Hamburger

Einführung in die Sozial-pädagogik

3., aktual. Auflage 2012
238 Seiten. Kart. € 22,90
ISBN 978-3-17-022318-9

Grundriss der Pädagogik/ Erziehungswissenschaft, Band 17

Urban Taschenbucher, Band 677

Die Sozialpädagogik ist ein breites und vielseitiges Praxisfeld. Konflikte und Krisen im Lebenslauf werden sozialpädagogisch begleitet von der Kindheit bis ins Alter. Die praktischen Hilfen sollen die Entfaltung des Individuums ebenso wie die Ordnung der Gesellschaft gewährleisten. Auf die Praxis der Sozialen Arbeit, deren Voraussetzungen, Dynamiken und Folgen bezieht sich die wissenschaftliche Sozialpädagogik. Mit ihren Begriffen und Theorien strukturiert sie den „sozialpädagogischen Blick" auf die Wirklichkeit. In diesem Band werden nicht nur Theorie und Praxis der Sozialpädagogik einleitend beschrieben, auch ihre Geschichte und die Perspektiven der weiteren Entwicklung werden diskutiert.

Professor Dr. Franz Hamburger lehrte am Pädagogischen Institut der Johannes Gutenberg-Universität.

www.kohlhammer.de

W. Kohlhammer GmbH · 70549 Stuttgart
Tel. 0711/7863 - 7280 · Fax 0711/7863 - 8430 · vertrieb@kohlhammer.de